ÉTUDE

SUR

LA LÉGISLATION DES SUCRES

DANS LES DIVERS PAYS D'EUROPE ET AUX ÉTATS-UNIS

NOTES SUR LA QUESTION DES SUCRES

PRODUCTION, EXPORTATION & CONSOMMATION
DE TOUS LES PAYS

PAR

CHARLES BIVORT

Directeur du Bulletin des Halles, Membre de la Société de Statistique de Paris
et de la Société de Géographie commerciale de Paris
Chevalier de l'Ordre de la Couronne de Chêne.

AVRIL 1880

PARIS

IMPRIMERIE MODERNE (WATTIER, DIRECTEUR)
RUE JEAN-JACQUES-ROUSSEAU, 61

1880

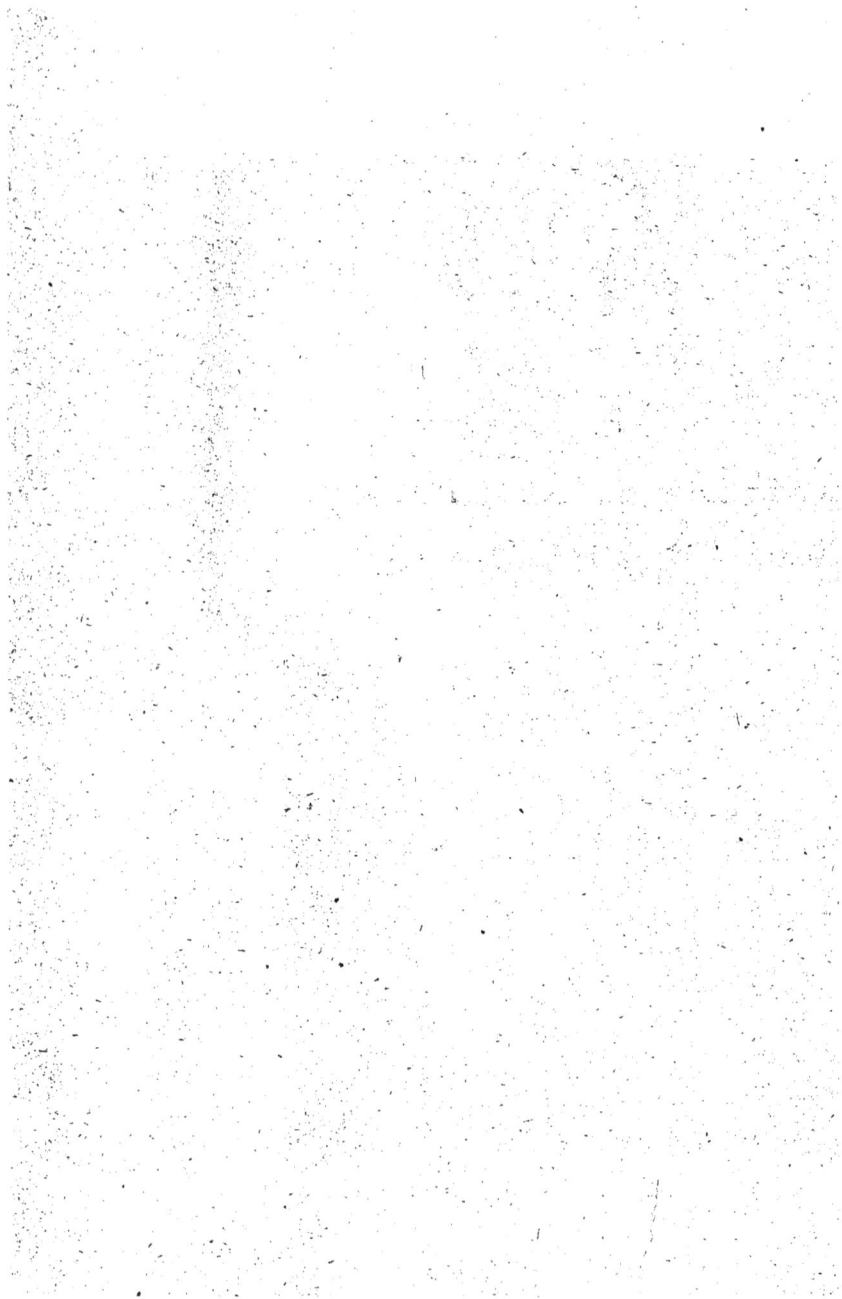

LÉGISLATION & STATISTIQUE
DES SUCRES

SOMMAIRE

ÉTUDE

SUR

LA LÉGISLATION DES SUCRES

DANS LES DIVERS PAYS D'EUROPE ET AUX ÉTATS-UNIS

NOTES SUR LA QUESTION DES SUCRES

PRODUCTION, EXPORTATION & CONSOMMATION

DE TOUS LES PAYS

PAR

CHARLES BIVORT

Directeur du Bulletin des Halles, Membre de la Société de Statistique de Paris
et de la Société de Géographie commerciale de Paris
Chevalier de l'Ordre de la Couronne de Chêne.

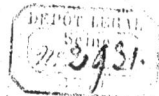

AVRIL 1880

PARIS

IMPRIMERIE MODERNE (WATTIER, DIRECTEUR)

RUE JEAN-JACQUES-ROUSSEAU, 61

—

1880

©

À Monsieur Gustave Lebaudy, Député de Seine-et-Oise,

Raffineur de sucre,

à Paris.

Vous m'avez engagé à résumer, dans un but d'intérêt général, les études que j'ai faites sur la Législation des Sucres dans les divers pays, et à réunir, dans un volume, les documents que j'ai recueillis sur la matière.

Permettez-moi de vous offrir le résultat des recherches auxquelles je me suis livré sans aucun parti pris, avec le seul désir d'apporter un peu de lumière dans une des questions économiques les plus compliquées.

J'ajouterai ici quelques explications sur la marche que j'ai suivie.

Il m'a semblé utile d'indiquer, d'abord, le mécanisme des différents régimes d'impôts actuellement en vigueur dans les principaux pays producteurs ou importateurs, afin de montrer la source des primes qui, en provoquant des discussions interminables et stériles, ont amené la confusion dans les esprits. Cette étude préliminaire est suivie de considérations qui font ressortir l'importance de l'industrie sucrière en France et appellent l'attention sur l'absolue nécessité du dégrèvement de l'impôt.

La législation de tous les pays est étudiée dans ses nombreux détails.

La statistique est résumée d'une manière complète, et l'ouvrage est terminé par un aperçu sur la production et le mouvement du sucre dans le monde entier.

Avec l'espoir d'avoir réussi dans la tâche que je m'étais imposée, je vous prie d'agréer, Monsieur, l'assurance de ma considération la plus distinguée

Ch. Mirort

Paris, le 5 Avril 1880.

AVANT-PROPOS

La question des sucres date d'un demi-siècle environ. Elle a pris naissance à l'époque où la production du sucre de betterave s'est développée, en Europe, au point de créer une sérieuse concurrence au sucre de canne; elle s'est ensuite compliquée par les innombrables modifications et transformations de la Législation dans les principaux pays producteurs et consommateurs.

Le principe, admis dans tous les États, que le sucre est un produit imposable par excellence, auquel on doit demander le maximum de ce qu'il peut rendre, a nécessité l'adoption des mesures fiscales les plus variées, au milieu desquelles il devient difficile de se reconnaître, et qui ont rendu impossible toute solution satisfaisante autre que l'abolition complète de l'impôt et la suppression des droits de douane.

C'est ainsi que la Grande-Bretagne a tranché les difficultés insurmontables dans lesquelles elle s'est débattue durant de longues années; encore n'a-t-elle pas réussi complètement à concilier tous les intérêts, car l'agitation provoquée dernièrement par ses raffineurs et par ses planteurs coloniaux, prouve que la question n'est pas résolue à la satisfaction générale.

Les Pays-Bas ne tarderont pas, sans doute, à suivre la même voie. La Belgique en ferait autant, si elle ne tenait à soutenir l'existence précaire de ses raffineries.

Malheureusement, cette mesure n'est pas applicable partout. En France, notamment, il n'y aura pas, de longtemps, à y compter.

Avant la discussion qui va se rouvrir à propos du renouvellement des traités de commerce et du remaniement des tarifs douaniers, il est utile d'étudier la question dans tous ses détails, d'examiner notre situation actuelle et de la comparer avec celle des autres pays. Des documents législatifs précis, classés suivant une méthode uniforme, et des statistiques exactes, établies sur les bases les plus rigoureuses, complètent ce travail, qui rendra facile, à l'avenir, les recherches ardues auxquelles il faut se livrer dans les ouvrages sans nombre publiés sur la matière depuis plus de cinquante ans.

L'antagonisme qui a trop longtemps existé entre la sucrerie et la raffinerie tend à disparaître devant le danger qui menace, dans leur existence même, ces deux branches de notre industrie nationale. Dans les traités internationaux, on devra tenir compte de la concurrence ruineuse faite à nos produits par les primes accordées à l'exportation par la plupart des pays d'Europe, primes qui ont eu pour conséquence de faire perdre à la France la première place qu'elle avait conquise sur le marché international des sucres.

D'un autre côté, il est urgent d'opérer sans retard un large dégrèvement de l'impôt exorbitant qui pèse sur la consommation intérieure. Ce point de vue mérite certainement d'occuper l'attention de nos hommes d'État, parce que le dégrèvement seul peut rétablir l'équilibre entre la production et la consommation.

L'impôt sur le sucre de betterave dans les principaux Pays

La France, seule, fait peser l'impôt sur le sucre réellement fabriqué; *Voir* page 37. le régime compliqué d'une surveillance permanente dans les usines empêche la moindre parcelle de sucre d'échapper au droit. Les autres pays, soit qu'ils aient reculé devant les rigueurs de l'exercice, soit qu'ils aient voulu encourager l'industrie naissante par des avantages non avoués, ont tous adopté des bases de perception qui laissent indemnes de droit une certaine partie de sucre fabriqué.

En Belgique et dans les Pays-Bas, cette taxe repose sur l'évaluation Pages 68 à 70. de la quantité de sucre contenue dans un volume déterminé de jus de betterave. L'Allemagne prélève l'impôt sur le poids de la betterave, en Page 71. comptant sur un rendement en sucre toujours égal et sans tenir compte des influences qui modifient chaque année la richesse de la racine. L'Autriche et la Russie ont fixé un mode de perception encore plus Pages 73 à 76. élastique, en évaluant la production du sucre d'après la contenance des appareils destinés à le fabriquer.

**

Aussi longtemps que la production du sucre n'a pas dépassé, pour chaque pays, les besoins de sa consommation, la diversité de ces régimes n'a eu aucune conséquence grave. Mais il n'en a plus été de même le jour où il a fallu trouver sur le marché international le débouché à un excédant de plus en plus considérable.

En France, l'impôt est payé lorsque le sucre est livré soit au raffineur, qui le transforme en pains, soit au consommateur, qui l'emploie tel quel. L'exportation se fait directement de la fabrique ou de l'entrepôt, avant l'acquittement des droits : il n'y a donc aucun remboursement à effectuer. La seule difficulté a toujours consisté dans le règlement d'une base exacte pour la décharge des droits à la sortie des raffinés pour lesquels l'impôt a été payé sur le sucre brut.

Partout ailleurs, l'exportation du sucre brut, comme celle du raffiné, nécessite l'établissement d'un droit compensateur, au moyen duquel s'opère le remboursement de l'impôt perçu à la fabrication. Mais du moment où la base de l'impôt permet à une certaine quantité de sucre de ne pas acquitter l'impôt, le remboursement, à la sortie, d'un droit qui n'a pas été payé, constitue une prime qui facilite l'exportation au détriment de celle des pays moins favorisés.

Cette prime a encouragé la fabrication du sucre et a contribué à la pousser au-delà des limites qui lui sont assignées par la consommation. C'est ainsi que l'exubérance de la production continentale a été la première cause de la crise que l'industrie traverse depuis plusieurs années.

Dans ces derniers temps la crise a acquis, dans tous les pays, un caractère particulièrement aigu, qui prouve que la guerre des primes doit faire place à une concurrence circonscrite sur le terrain industriel et commercial; autrement la lutte deviendra fatale à l'industrie même que l'on veut défendre.

Les Primes résultant de la base de l'Impôt

On peut critiquer, sous bien des rapports, l'assiette de l'impôt sur le sucre en France. Il est facile de faire ressortir les avantages que d'autres pays retirent d'une base différente de perception ; mais il est incontestable que le régime français est le seul rationnel au double point de vue du Trésor et du contribuable. L'Etat a pour devoir de répartir l'impôt d'une manière égale entre tous les contribuables, de frapper d'un taux uniforme le même produit. Cette proportionnalité de l'impôt n'existe pas dans les systèmes adoptés par les autres pays, où certains industriels obtiennent une protection que d'autres n'ont pas.

[*]

Le fabricant belge paye le droit sur le rendement présumé des jus ; Pages 68 et 69. il trouve une prime par le fait que le rendement varie et dépasse généralement le rendement officiel. L'Etat rembourse le droit à l'exportation, sur le sucre fabriqué, proportionnellement au droit que le fabricant est supposé avoir payé.

Avec ce système, il est évident que plus il y a de sucre exporté, plus il y a d'excédants (en sus du rendement présumé) qui sont livrés à la consommation intérieure sans avoir acquitté l'impôt. Or, si jamais les excédants suffisaient pour alimenter la consommation du pays, le revenu provenant de l'impôt sur le sucre serait entièrement absorbé par les drawbacks payés à l'exportation, ce qui est déjà arrivé en Autriche-Hongrie, comme on le verra plus loin. Aussi le gouvernement belge l'a si bien compris qu'il a fixé, depuis plusieurs années, un minimum de revenu que l'impôt du sucre doit produire.

[*]

En Hollande, on a adopté un système semblable à celui de la Bel- Page 70. gique, en imposant le sucre d'après le rendement présumé des jus. Les conséquences sont les mêmes.

[*]

L'Allemagne, en basant l'impôt sur le poids de la betterave, a Page 71. encouragé la culture industrielle. On s'est efforcé d'obtenir une racine riche en sucre. Le fabricant, en payant cette racine plus cher, a concilié son intérêt avec celui du cultivateur ; l'un et l'autre sont intéressés à produire et à travailler des betteraves aussi riches que possible en sucre, et cette tendance, — qui a pour résultat de diminuer l'impôt effectif sur le sucre, à mesure que la qualité de la betterave s'améliore, — a nécessairement fini par détruire la corrélation qui existait en principe entre l'impôt perçu sur la betterave et le drawback remboursé par l'Etat à l'exportation du sucre fabriqué. Quand on a établi cet impôt, on estimait qu'il fallait 12 quintaux 50 de betteraves pour obtenir un quintal de sucre, tandis qu'aujourd'hui, avec les progrès constants de la culture et avec l'outillage perfectionné des usines, on est arrivé à fabriquer un quintal de sucre avec moins de 11 quintaux de betteraves, ce qui diminue, par conséquent, l'impôt sur le sucre d'environ 12 0/0. Or, pour rétablir le rapport entre l'impôt et le drawback, rapport détruit par ce fait, il faudrait diminuer le drawback dans les mêmes proportions.

C'est ici qu'on s'aperçoit du défaut de cette législation qui a pour base l'impôt sur la betterave : elle empêche absolument de frapper les produits fabriqués d'une manière juste et équitable. On sait que le rendement de la betterave varie beaucoup d'une année à une autre et même d'un champ à un autre : il serait donc impossible de fixer le taux de l'impôt assez rigoureusement pour ne pas favoriser quelques fabricants et porter préjudice à d'autres qui seraient moins bien partagés sous le rapport de la qualité de la betterave. Nous pouvons donc conclure qu'avec un tel système, il est impossible que l'Etat puisse jamais arriver à faire disparaître les primes à l'exportation, car aussitôt qu'il voudra établir une corrélation trop rigoureuse entre l'impôt sur la betterave et le drawback sur le sucre, il fera du tort à un certain nombre de fabricants.

*
* *

En Autriche-Hongrie, nous retrouvons en principe le même système, Pages 73 à 75. mais modifié de façon à rendre impossible toute appréciation du taux de l'impôt effectif sur le sucre. Au lieu de peser la betterave à son entrée dans les usines, comme cela se pratique en Allemagne, on mesure la capacité des appareils d'extraction, et on impose le fabricant d'après la puissance de ces appareils, c'est-à-dire qu'on perçoit le droit sur la quantité de betteraves que ces appareils peuvent travailler dans un délai donné. On voit sur quelles données vagues repose un pareil régime et combien la prime doit être considérable pour le drawback remboursé par l'Etat sur le sucre exporté. Cette prime, qui a pu absorber, comme nous le montrons plus loin, en une campagne, au delà de l'impôt perçu, doit encore s'élever à un chiffre assez élevé, autrement il serait impossible aux fabricants autrichiens d'inonder les marchés anglais de leurs sucres comme ils le font. En effet, en jetant un coup d'œil sur la carte d'Europe, on voit que les sucres d'Autriche, pour gagner les marchés anglais, ont à traverser toute l'Allemagne du Nord avant d'atteindre les ports d'embarquement de Hambourg ou de Brème. Malgré cette distance et malgré la prime d'exportation dont jouissent les fabricants allemands, la quantité de sucres exportée par ces derniers n'atteint guère que la moitié de celle exportée par les fabricants d'Autriche-Hongrie.

Ici, encore plus qu'en Allemagne, il sera très difficile à l'Etat de revenir d'un abus aussi grave, qui a développé outre mesure une industrie aujourd'hui très prospère, mais vivant au fond par des moyens artificiels qui ne pourront cependant pas être maintenus indéfiniment.

*
* *

La Russie occupe une place à part dans l'industrie du sucre de Page 76. betterave. Sa production est évaluée à 250 millions de kilogrammes; mais ce pays se trouve dans un état de réelle infériorité, résultant des conditions économiques peu favorables de sa fabrication. La concurrence de ses produits sur les marchés étrangers n'est possible qu'avec des primes d'exportation, ce que la situation financière ne permet guère. Les sucres russes sont donc destinés, au moins pendant quelque temps encore, à n'alimenter que la consommation intérieure, dont le Gouvernement s'est, d'ailleurs, réservé le monopole par un tarif douanier prohibitif pour les sucres étrangers. Cette consommation est susceptible d'un grand accroissement, que la production indigène aura peut-être quelque peine à suivre.

Il n'en est pas moins vrai qu'il y aura lieu de tenir compte, dans les Page 100. traités internationaux, de la possibilité pour la Russie de venir en concurrence, à un moment donné, sur le marché des sucres, comme elle l'a fait en 1876-77, où la restitution de l'impôt a permis d'exporter plus de 60,000 tonnes.

Nous ne nommerons que pour mémoire, dans ce chapitre, les autres pays produisant du sucre de betterave : l'Italie, la Suède et la Norvége. Leur production totale ne dépasse pas 5,000 tonnes.

L'Angleterre ne produit pas de sucre, et a supprimé le droit d'en- Page 93. trée depuis 1874.

On voit, par ce qui précède, que tous les grands pays producteurs de sucre de betterave soutiennent leur industrie respective, d'abord en accordant des primes à l'exportation et, ensuite, en établissant des droits de douane très élevés sur les sucres étrangers.

Un autre genre de primes est celui résultant des faveurs accordées au raffinage, soit que l'écart soit trop grand entre le droit prélevé sur le sucre brut importé et celui prélevé sur le raffiné importé, — ce qui a lieu en Italie; soit que le drawback remboursé à l'exportation du raffiné dépasse le taux payé à l'entrée de la matière brute, — ce qui Page 28. est le cas aux Etats-Unis.

Nous allons faire ressortir l'importance de ces primes que chaque pays conteste en ce qui le concerne, en même temps qu'il fournit les preuves de celles accordées par ses voisins. Ceci n'est pas une des moindres singularités de la question des sucres, laquelle aurait fait un grand pas vers une solution plus ou moins parfaite si on voulait convenir, une bonne fois, de ce qui existe réellement. En économie politique, comme en médecine, il faut connaître le mal avant de songer au remède.

Importance des Primes dans chaque Pays

L'existence des primes a été prouvée surabondamment. Il serait aujourd'hui impossible de les nier. Le résumé ci-après contient, pour les principaux pays, les recherches les plus récentes faites au sujet de ces primes, et montre les lacunes à combler dans les diverses législations :

FRANCE

En France, l'impôt est perçu au moyen de l'exercice des fabriques Pages 57 et 68. de sucre. Les employés des contributions indirectes sont en permanence dans les usines. Ils constatent d'abord les quantités probables de la fabrication suivant la prise en charge, surveillent tout le travail et contrôlent le sucre à la sortie des fabriques.

L'enlèvement de la fabrique ne peut avoir lieu sans déclaration préalable.

L'expédition se fait de la fabrique, sous le contrôle des employés. Aucun droit n'étant perçu sur le sucre exporté, il n'y a ni décharge ni drawback, partant aucune prime sur le sucre brut.

Les primes françaises, dont il a été si souvent question, n'existent que dans l'exportation des raffinés, lorsqu'il faut déterminer l'importance du droit payé sur le sucre brut employé pour les produire. Ces primes ont été l'objet d'interminables discussions qui n'ont guère éclairci la question ; on affirmait d'un côté ce que l'on niait de l'autre, avec la même énergie, avec la même conviction.

La raffinerie n'a jamais nié qu'elle ait eu des primes en 1872 et pendant les années suivantes, lorsque la nuance du sucre déterminait seule le classement. Elle avait des laboratoires où elle analysait le sucre avant de l'acheter. A cette époque, la prime des sucres 7/9 ne s'élevait encore qu'à 2 ou 3 fr., et il restait un boni égal aux raffineurs ; mais la concurrence a porté la plus-value successivement jusqu'au taux du bénéfice que ces sucres permettaient de réaliser. C'étaient uniquement les sucres au-dessous du n° 10 qui obtenaient cette plus-value. La différence de prix engageait les fabricants à produire de préférence cette qualité que le raffineur déclarait en admission temporaire, ce qui lui facilitait l'exportation des sucres raffinés.

Les déclassements ont aussi laissé de gros bénéfices aux raffineurs pendant quelque temps. Les types de la régie afférents à la classe des sucres 7/9 s'étaient graduellement altérés. Lorsque ces types ont été renouvelés et ramenés à la nuance de l'étalon primitif, beaucoup de sucres classés précédemment comme 10/13 sont rentrés dans la classe des 7/9. La nuance des flacons de fabrique ne correspondant pas exactement avec celle des flacons conservés à Paris, des sucres sortis de fabrique avec l'acquit 10/13, étaient classés comme 7/9 à leur livraison en raffinerie.

L'importance de ces primes a toujours été considérablement exagérée. C'est ainsi que M. Jacquemart, dans sa déposition devant la Commission d'enquête de 1872. évaluait la perte pour le Trésor à environ 16 millions de francs par an. — Le comité central était moins affirmatif. M. Rouget, inspecteur des finances, évaluait, de son côté, cette perte à moins de 4 millions de francs. M. Guillemin déclarait, dans la séance du 23 juillet 1873, avoir pris tous les rendements de MM. Sommier, Lebaudy et Clerc, et il ajoute que les calculs les plus minutieux auxquels il s'est livré lui ont fourni la conviction que l'État, en aucun temps, n'a perdu plus de 3 ou 4 millions de francs.

On a oublié aussi de dire que la France ne profitait pas seule de ces primes sur les bas produits. En consultant les états de la douane, on remarquera que l'importation de nos colonies et de la Belgique se composait surtout de ces sucres que la raffinerie surpayait.

Le contrôle de l'analyse, institué par la loi du 29 juillet 1875, confirmé par celle du 30 décembre suivant, en fixant des limites de titrage, a diminué ces primes de 50 0/0, d'après la déclaration même de M. Georges à la réunion extra-parlementaire pour la défense de l'industrie du sucre (séance du 30 novembre 1876).

***

Les primes existent cependant encore pour les sucres bas, classés comme acquits 7/9 et comme acquits au-dessous 7 ; elles justifient la plus-value que la raffinerie paye pour ces sortes.

Chiffrons ces primes :

La limite de rendement des 7/9 est de 76 à 85 degrés, ce qui ferait une moyenne de 80 1/2 degrés, tandis que la moyenne est réellement de 82 1/2 degrés environ, soit un boni de 2 1/2 0/0 sur le rendement légal de 80 degrés.

La classe au-dessous de 7 a un rendement légal de 67 degrés ; la moyenne étant de 73 degrés environ, il y a un boni de 6 0/0.

Ce boni, qui n'existe que sur la quantité de ces sucres déclarée pour l'admission temporaire, doit être calculé, non pas sur la valeur du sucre brut acquitté ou du sucre raffiné, comme on l'a souvent prétendu, mais sur le droit que devraient payer 100 kil. de sucre raffiné, droit qui est actuellement de 73 fr. 32 c. — Sur cette base, les primes ressortent, aux 100 kilogr., comme suit :

Sucre 7 à 9, en comptant sur un rendement réel de 82 1/2 0/0, à . . . . 1 fr. 85

— — en comptant sur un rendement réel de 84 0/0, à . . . . 2 fr. 95

Sucre au-dessous de 7, en comptant sur un rendement réel de 73 0/0, à . . . . 4 fr. 40

On admet unanimement que les autres classes, dont les quantités déclarées pour l'admission temporaire sont d'ailleurs peu importantes, ne donnent lieu à aucun boni sur le rendement légal.

Dans une note adressée au président du Comité d'enquête sur l'industrie du sucre, à Londres (juillet 1879), M. L. Say établit les calculs qui font ressortir les primes obtenues par la raffinerie française. Nous résumons son travail ci-après :

Les quantités de sucres bruts déclarées pour l'admission temporaire se sont élevées, en 1878, à 308,727,561 kilog.; mais, sur cette quantité, il a été soumis aux droits à l'échéance des obligations et, par conséquent, il est resté en France 94,861,270 kilog. La quantité vraie de sucre brut qui a été raffiné en France, en 1878, pour l'exportation, a donc été de 213,866,291 kilog.. dont 41,239,761 kilog. de sucre au-dessous de 7, et 101.286,430 kilog. de sucre 7/9.

En calculant sur les moyennes de rendement de 30,565 analyses faites dans les laboratoires des administrations des Douanes et des Contributions indirectes, pour toutes les catégories de sucres, aussi bien de betterave que de canne, M. L. Say trouve que les 213,866,291 kilog. de sucre brut ont produit réellement, en sucre raffiné . . . . kilog. **176.633.475**

Or, d'après les rendements légaux, les soumissionnaires ont été libérés de leurs obligations par l'exportation d'une quantité de sucre raffiné de . . . **171.481.143**

Différence . . . . . . kilog. **5.152.332**

qui sont restés dans la consommation intérieure en franchise de droits.

Au taux de 73.32 par 100 kil. de sucre raffiné, ces 5,152,332 kil. auraient dû payer 3,780,000 fr. en chiffre rond, laquelle somme, répartie sur la quantité de sucres bruts raffinés pour l'exportation, représente une prime de 1.75 par 100 kilog. de sucre brut, ou de 2.15 par 100 kilog. de sucre raffiné exporté.

*_**

Il existe encore une prime, très-réduite à la vérité, dans le coefficient 5, résultant peut-être de ce que ce chiffre est trop élevé pour certains sucres, et de ce que le sucre incristallisable est considéré comme étant de nulle valeur, tandis que le raffineur, qui le retrouve dans la mélasse, en tire, par l'osmose, une certaine quantité de sucre qu'il peut convertir en pains.

Nous disons plus haut *peut-être*, car le coefficient 5 a été trouvé exact par une expérience de plusieurs années faite dans certaines raffineries que nous pourrions nommer.

Par contre, les chimistes qui prirent part aux essais de raffinage de Charlottenbourg, et parmi lesquels nous citerons les docteurs C. Scheibler et A. Seylerth, déclarèrent que ce coefficient, fixé comme mesure de la valeur mélassimétrique des sels contenus dans le sucre brut, n'est point fondé scientifiquement.

« Il est reconnu, dit M. Vivien, que le coefficient 5 est vrai pour certains cas peut-être, mais il est également reconnu qu'il est faux pour d'autres. La plus grande confusion règne à cet égard parmi les notoriétés de la science, et lorsque, à la suite de recherches compliquées qui ne sont pas faites et qui, si elles étaient entreprises, ne seraient terminées que dans un temps relativement éloigné, on aura trouvé le vrai coefficient, exact pour un sucre de composition donnée, contenant des quantités précises d'azote, de chlorure, de sulfate, etc., et de matières organiques, on s'apercevra, le lendemain, que ce coefficient n'est déjà plus exact, parce que le fabricant, sous l'impulsion de l'acheteur et de ses intérêts, aura modifié la composition de sa marchandise. »

*_**

Nous devons mentionner une autre prime qui existe, mais qui ne porte pas sur l'exportation des sucres raffinés : c'est celle accordée aux poudres blanches. Elle provient du droit appliqué à ces sucres et qui ne correspond pas à leur richesse effective. En effet, cette richesse Page 57. est d'environ 98.50 %; au droit de 73.32 pour 100 kilog. de raffiné, les poudres blanches devraient donc payer 72.20, tandis qu'elles ne payent que 70.20, soit une différence de 2 fr. par 100 kilog. accordée à la production indigène, sans doute en vue d'encourager la fabrication de ces beaux sucres qui atteint plus de la moitié de la récolte totale.

BELGIQUE

La quantité de sucre que les fabriques sont censées produire est Pages 68 et 69. évaluée par la méthode de l'abonnement de la prise en charge.

La betterave est réduite, au moyen de la râpe, en morceaux infiniment petits, en une sorte de bouillie. Cette masse est mise dans des sacs, qui sont soumis, au moyen de presses hydrauliques, à une compression énergique. La matière solide reste dans les sacs, et le sucre en sort avec la partie liquide, qu'on appelle le jus. C'est à ce moment que les employés des accises déterminent le montant des droits que le fabricant aura à payer. C'est la prise en charge. A cet effet, le jus est versé dans des vases minutieusement jaugés par l'administration. On mélange le jus, et les employés en prennent un échantillon qu'ils placent dans une éprouvette à la température de 15° centigrades. On applique alors à toute la contenance du vase jaugé le rendement légal, qui est fixé par hectolitre de jus à 1,300 grammes pour chaque degré de densité.

La prise en charge se fait à la défécation. Les employés du fisc entrent dans la fabrique le jour où commence l'extraction du jus; ils en sortent le jour où finit cette extraction. Le fabricant belge ne doit à l'Etat que les droits sur les quantités reconnues à la défécation comme devant être produites. M. Mariage, dans une étude sur le régime des sucres en France et en Belgique, faite en 1871, estimait que la prise en charge telle qu'elle se pratique en Belgique, procurait une prime de 10 % au fabricant; que, sur une production moyenne de 4,000 sacs de sucre par fabrique, il aurait 400 sacs indemnes de droit, ce qui, à raison de 45 francs, donnerait au fabricant belge une prime de 18,000 francs, soit 4 fr. 50 c. par sac de sucre. Cela revient à dire qu'au lieu de 1,300 grammes de sucre par hectolitre et degré, le fabricant belge obtiendrait réellement 1,650 grammes.

Ce chiffre semble être confirmé par l'exposé des motifs du projet de loi, déposé à la Chambre des représentants de Belgique le 28 novembre 1871, dans lequel M. Victor Jacobs, alors ministre des finances, affirmait que l'administration avait constaté que, sur une dizaine de fabriques comprises dans le rayon de la douane sur les frontières, le rendement moyen avait été de 1,632 grammes au lieu de 1,300 grammes.

Pour être juste, il faut que nous signalions un long et lucide travail, publié dans les numéros des 15 février, 1er et 15 mars et 1er avril 1879 de la *Sucrerie belge*, dans lequel M. Eugène Meeus, député et président de la Société générale des fabricants de sucre de Belgique, s'attache à prouver, en réponse aux déclarations faites par MM. Villain et Mariage devant la commission du tarif général des douanes, que le chiffre moyen de 1,300 grammes n'est pas atteint dans un grand nombre de fabriques belges.

L'auteur invoque les constatations faites en France par la régie et conclut en disant que, plutôt que d'accepter une augmentation du taux de 1,300 grammes, l'industrie belge tout entière réclamerait le régime pratiqué en France, c'est-à-dire l'exercice.

Le chiffre de 1,300 gr. est cependant au-dessous de la vérité, car la qualité de la betterave est à peu près la même en Belgique qu'en Hollande, et, dans ce dernier pays, la prise en charge, fixée à 1,635 gr., est encore préférée par les fabricants de sucre à l'exercice, ainsi que nous l'indiquons plus loin.

D'après le mouvement des sucres en Belgique, et en se basant sur la production indiquée d'après la prise en charge officielle, la consommation annuelle ne dépasserait guère 3 kilogrammes par tête, alors qu'en France, avec les mêmes habitudes de vivre et le même bien-être, elle est plus du double.

M. Mariage citait, dans son travail, les termes suivants de l'exposé des motifs, fait le 22 novembre 1864, par le ministre belge :

« Les résultats des dernières campagnes accusent un déficit consi-
« dérable dans la consommation légale du sucre en Belgique, c'est-à-
« dire dans les quantités soumises à l'impôt. Comme il n'est pas ad-
« missible qu'avec l'accroissement de la population et de la richesse
« publique la consommation effective ait diminué, le déficit ne peut
« avoir que deux causes principales : les excédants de rendement ob-
« tenus au raffinage, et les excédants sur la prise en charge à la fabri-
« cation. Or, les exportations de sucre raffiné, et par conséquent les
« mises en raffinage, ayant subi une notable diminution, la première
« cause doit être en partie écartée, et l'on peut attribuer presque exclu-
« sivement le déficit de la consommation légale aux excédants obte-
« nus dans les fabriques. »

***

On peut admettre que la consommation belge s'élève au moins à 6 k. 500, ce qui pour une population de cinq millions d'habitants fait une consommation de 32 millions 1/2 de kilogrammes. Avec un impôt de 45 francs par 100 kilogrammes, cette quantité devrait donc produire un revenu de 14,625,000 francs ; le revenu étant limité au minimum de 6,500,000 fixé par le gouvernement, sur lequel il y a encore à déduire 1 million 1/2 pour les frais de perception, c'est donc une somme de 8 millions de francs en chiffre rond que la Belgique abandonne au profit de son industrie sucrière.

M. H.-B. Hittorff, dans son ouvrage : *La question des sucres au point de vue international* (1875), évalue la consommation de la Belgique à 25 millions de kilog., et calcule la prime à environ 5 fr. 50 par 100 kilog.; mais cette évaluation de la consommation est manifestement trop basse.

Afin d'obvier à l'inconvénient d'une prime d'exportation absorbant le taux de l'impôt, le gouvernement belge fixe, chaque année, un minimum de recette, lequel est de 6,500,000 fr. pour la campagne 1879-80.

Le minimum de revenu permet à l'État d'échapper aux conséquences des fraudes qui ont pu s'établir à l'exportation et dont certains procès retentissants ont fourni la preuve.

***

Depuis quelque temps, il s'était produit une nouvelle fraude légale, si l'on peut employer ces deux mots ensemble : le négociant important des sucres bas d'Autriche et les mélangeait avec des sucres belges d'une nuance plus élevée; il les expédiait ensuite en Angleterre avec une prime. C'est le fabricant qui a été la dupe de ce trafic par suite de la fixation d'une recette minimum, car ces agissements ont contribué à lui faire payer pendant la dernière campagne un supplément d'impôt d'environ 10 °/₀.

PAYS-BAS

L'impôt est perçu en Hollande de deux manières, par l'abonnement Page 70. ou par l'exercice, au choix des fabricants.

C'est le premier mode qui est préféré par 24 fabriques sur 25 en activité. Cette préférence suffirait seule à prouver que l'abonnement donne certains avantages aux fabricants; ils travaillent, en effet, sur une base déterminée, et tout ce qu'ils obtiennent au delà de la prise en charge règlementaire constitue pour eux une prime de fabrication.

La prise en charge, fixée en 1857, lors de la création de la première fabrique en Hollande, à 1,400 gr. de sucre brut par hectolitre de jus et par degré du densimètre centésimal, a été portée, en 1863, à 1,450 gr. de sucre brut, puis, en 1865, après la ratification de la convention du 8 novembre 1864, à 1,500 gr. de sucre brut de la catégorie des nᵒˢ 10/14. Une nouvelle augmentation l'a portée à 1,635 gr. de sucre brut; mais ce chiffre laisse encore un avantage au fabricant, car la betterave, très bonne, permet cette prise en charge élevée, et le drawback accordé aux classes inférieures au nᵒ 15 (classe 4) procure une prime d'exportation évaluée à 6 %.

Le régime actuel de la Hollande classe les sucres d'après la nuance, ce qui donne à ses raffineurs un avantage sur les raffineries françaises. Un sucre de nuance inférieure au nᵒ 15 et titrant 92ᵒ est classé, en France, comme 15/18, tandis qu'en Hollande, et quelle que soit sa richesse, il est classé comme 10/14; en déclarant ce sucre pour l'exportation, le raffineur français doit donner 94 kilog., le hollandais 88 kilogr. seulement de sucre raffiné pour acquitter 100 kil. de sucre brut. Pour la consommation, ce même sucre paye en France un droit de 68 fr. 64 c. comme 15/18, au lieu de 65 fr. 52 c. qu'il acquitterait s'il pouvait passer comme 10/13, ce qui serait le cas en Hollande; il supporte donc en France une surtaxe de 3 fr. 12 c.

Depuis quelques années, cette classification d'après la base surannée des types, a provoqué un grand commerce d'importation des sucres de la Belgique : les 12/20 de ce pays sont admis en Hollande à la 3ᵉ classe (7/9) malgré leur titrage relativement très élevé, par suite de leur mélange avec des sucres plus foncés. La raffinerie augmente ainsi sa prime d'une façon très sensible.

Il est instructif de voir la progression suivie par la nuance des sucres déclarés en consommation d'après les types de la convention. On remarquera que, depuis 1868, on a raffiné une proportion de plus en plus forte de sucre de nuance inférieure; la moyenne a constamment baissé, et elle est tombée de 88,23 % à 80,55. C'est surtout pendant les dernières années que la proportion des sucres bas a augmenté, et nous la voyons monter, pour la nuance 7/9, de 9,97 % en 1868 à 65,73 % en 1879. Le tableau ci-après est emprunté à une circulaire commerciale publiée par MM. C. Rueb et Cᵉ, de Rotterdam :

Déclaration en consommation du 1er janvier jusqu'au 31 décembre
Suivant classification de la convention.

	Totaux Tonnes.	N° 19/20.	N° 15/18.	N° 10/14.	N° 7/9.	Au-dessous du n° 7.	Moyenne du rendement légal
1868..	114,419	3^{17} o/o	28^{36} o/o	54^{39} o/o	9^{07} o/o	4^{11} o/o	88^{23} o/o.
1869..	125,992	7^{23} »	21^{97} »	54^{11} »	9^{52} »	6^{84} »	87^{56} »
1870..	132,158	7^{22} »	17^{15} »	62^{90} »	6^{51} »	6^{22} »	87^{64} »
1871..	139,104	7^{05} »	16^{67} »	63^{50} »	5^{67} »	5^{11} »	87^{90} »
1872 .	133,262	6^{26} »	15^{36} »	63^{61} »	9^{68} »	5^{09} »	87^{45} »
1873..	125,408	3^{86} »	9^{37} »	76^{67} »	10^{09} »	6^{01} »	86^{73} »
1874..	119,752	1^{31} »	4^{57} »	76^{02} »	13^{95} »	5^{85} »	86^{07} »
1875..	108,338	1^{37} »	4^{62} »	76^{60} »	13^{51} »	3^{90} »	86^{46} »
1876..	110,148	1^{26} »	4^{41} »	78^{52} »	15^{31} »	3^{47} »	86^{39} »
1877..	102,154	$-^{58}$ »	4^{28} »	55^{28} »	31^{82} »	8^{04} »	84^{69} »
1878..	104,638	$-^{57}$ »	2^{23} »	56^{60} »	39^{51} »	7^{09} »	83^{52} »
1879 .	113,884	$-^{32}$ »	1^{93} »	20^{93} »	68^{73} »	11^{09} »	80^{65} »

* *

Il n'est pas aisé de déterminer exactement la prime payée à la raffinerie hollandaise. Dans les discussions qui ont eu lieu de 1875 à 1876 au sujet du renouvellement de la convention internationale, M. Toe Water, inspecteur des accises et des douanes, l'un des hommes les plus compétents des Pays-Bas en cette matière, a déclaré que la prime de la raffinerie hollandaise s'élevait à 1.800.000 florins (3.780.000 fr.). Ce chiffre doit être considéré comme un minimum.

Les calculs établis sur les statistiques des sucres ne permettraient pas d'évaluer la consommation hollandaise à plus de 20 millions de kilogr., chiffre évidemment au-dessous de la réalité, car, sous bien des rapports et surtout celui de la consommation du thé, le principal véhicule du sucre, il n'y a que l'Angleterre qui puisse être comparée avec les Pays-Bas, et la consommation s'y montait déjà, en 1843, avec un impôt équivalent à celui actuellement perçu en Hollande, à 8 kil. 270 gr. par tête. Les primes accordées au raffinage et à la fabrication du sucre font entrer, sans aucun doute, dans la consommation hollandaise, beaucoup de sucre qui ne paye pas d'impôt.

L'application de taxes trop élevées à l'introduction des sucres étrangers en Hollande constitue aussi une faveur pour le commerce ou pour la raffinerie de ce pays.

ALLEMAGNE

L'Allemagne perçoit l'impôt sur la betterave, et le fabricant a le Page 72. plus grand intérêt à en extraire la plus grande quantité de sucre possible. Tout ce qu'il obtient au delà du chiffre servant de base à l'impôt constitue une prime. Si, pour faire 100 kil. de sucre, au lieu de 1,175 kil. de betteraves il ne lui en faut que 1,075, il gagne l'impôt sur 100 kil.

C'est sur cette base de 1,175 kil. de betteraves, correspondant à un rendement de 8 1/2 0/0 en sucre, qu'est fixé le tarif du drawback, et la majeure partie des fabricants y trouvent une prime qui facilite l'exportation des sucres bruts.

Dans la discussion qui a eu lieu, en février 1879, au Reichstag, à l'occasion du renouvellement du traité de commerce avec l'Autriche-Hongrie, il a été fortement question des primes de ce dernier pays, et M. Huber, conseiller secret, a été amené à parler incidemment des primes allemandes. M. Huber a reconnu qu'il y avait bien une prime à l'exportation eu certaines années, comme en 1874-75, où le rendement très élevé de la betterave a permis de fabriquer un quintal de sucre avec 10 quintaux 75 de racines; mais il a cru devoir citer d'autres campagnes où le taux remboursé à l'exportation n'aurait pas atteint le chiffre de l'impôt; il a ajouté que les drawbacks n'ont pas été établis sur des résultats exceptionnels, mais sur la moyenne de Page 3. plusieurs années. Voilà précisément l'inconvénient que nous avons fait ressortir plus haut sur ce mode d'impôt.

Un député, M. Richter, a observé que la base de l'impôt fixée en 1869, et d'après laquelle il fallait 12 quintaux 50 de betteraves pour produire un quintal de sucre, constituait déjà un bénéfice de fabrication de 20 sgr. par quintal de 50 kil. ou 5 francs par 100 kil. sur le taux de 4 thaler (15 fr.), puisque 12,50 × 8 sgr. ne donnaient que 3 th. 10 sgr. (12 fr. 50); que cette proportion s'est encore modifiée au point de ne plus nécessiter que 3/4 de quintal en moins, soit aussi 3/4 des 8 sgr., montant de l'impôt, ou environ 6 sgr. par 50 k. ou 1 fr. 50 par quintal métrique de sucre brut perçu en moins.

M. Richter a cité un document peu suspect : le rapport de M. Wichelhaus sur les expériences de raffinage faites par ordre et aux frais du gouvernement à Charlottenburg. D'après les calculs de M. Wichelhaus, l'impôt pour les sucres de 88 % n'est que de rmk. 8,17 et le drawback est de rmk. 9,40. « D'ailleurs, dit le rapport, l'inexactitude du rendement de la betterave admis par la loi, c'est-à-dire l'inexactitude du drawback de rmk. 9,40, est bien connue des fabricants, qui conviennent, tout en s'opposant à l'impôt sur le produit fabriqué, que ce mode rapporterait au Trésor 8 3/4 millions de marks (10,937,500 fr.) de plus. »

Ce document prouverait que la prime d'exportation varie entre rmk. 0,50 et 1,25 (1 fr. 25 à 3 fr. 12 par 100 kil.) pour les sucres titrant moins de 96 %. Quant aux sucres titrant un peu plus haut que 96 %, jusqu'à 98 % non compris, le drawback de rmk. 9,40 serait insuffisant, puisque l'impôt sur ce sucre serait de rmk. 10,20; mais on sait que l'Allemagne n'exporte pas de sucres à titrage élevé. La prime étant d'autant plus élevée que la valeur du sucre est moindre, ce ne sont que les bas produits qui sont exportés.

⁎

Les journaux spéciaux de l'Allemagne admettent l'existence des primes d'exportation. *La Deutsche Zucker-Industrie*, qui traite les questions de législation avec une réelle compétence, à propos de la discussion soulevée récemment au sujet d'une demande d'augmentation de l'impôt faite par la Saxe, déclare « que le drawback n'est plus en « rapport avec l'impôt, que ce n'est plus 11 quintaux 75 de betteraves « qui sont nécessaires pour produire un quintal de sucre; que, pour « la campagne 1877-78, il n'a fallu que 10 à 11 quintaux. Elle « ajoute que les améliorations apportées dans la fabrication diminue- « ront encore ces chiffres, même avec des récoltes moins favorisées, « sous le rapport de la température, que celle de 1877-78. »

Cette dernière campagne a donné, en effet, des résultats qui n'avaient pas encore été obtenus. Dans les fabriques installées avec la diffusion, 1,060 kil. de betteraves ont suffi pour 100 kil. de sucre; dans les usines les plus mal montées, il n'a pas fallu plus de 1,155 kil. (1). D'après M. Licht, de Magdebourg, la moyenne aurait été de 1,070 kil., ce qui ferait ressortir une prime supérieure à 2 fr. 10 par sac de sucre.

Le rendement moyen (2) en sucre de cette même campagne a atteint 9,24 %, chiffre dépassant le taux le plus élevé obtenu depuis 1874-75, où le rendement était de 9,30 %. Ce résultat a été acquis grâce surtout aux procédés de l'élution et de l'osmose, appliqués depuis peu d'années dans un grand nombre d'usines.

Malgré la dépense considérable nécessitée par l'installation du système de l'élution pour l'extraction du sucre de la mélasse, les fabricants allemands n'hésitent pas à transformer leur matériel, à cause de la prime que leur accorde l'Etat. La même cause a donné une très grande extension au procédé de la diffusion, aujourd'hui appliqué dans les trois quarts des fabriques de l'Allemagne.

⁎

Il est incontestable, d'après ce qui précède, que les primes existent en Allemagne. Le calcul des moyennes pour refuser de les admettre est insoutenable; mais en supposant même que la mauvaise qualité de la betterave cultivée dans quelques contrées, les moyens défectueux d'extraction du sucre, fassent baisser les rendements moyens au-dessous du taux fixé par le drawback, il n'en est pas moins vrai que les usines bien outillées, travaillant une bonne betterave, ont obtenu, depuis plusieurs années, une prime d'exportation qui a pu s'élever, pour certains sucres, au delà de 2 fr. 50 par 100 kil.

Et si nous devions fournir une autre preuve, nous la trouverions Page 98. dans l'augmentation considérable de l'exportation des sucres bruts allemands pendant les dernières dix années. Cette exportation n'était que de 7,000 tonnes en 1872; elle s'est élevée rapidement à 86,000 tonnes en 1878, et a atteint, en 1879, 95,000 tonnes.

L'exportation des sucres raffinés n'a pas encore augmenté dans la même proportion; mais il faut tenir compte du débouché que l'Alsace-

---

(1) En 1878-79, dans la sucrerie de Korbisdorf, il n'a fallu que 1,000 kil. de betteraves pour 100 kil. de sucre; cette fabrique, avec un travail de 30 millions de kil. de betteraves, a donné un bénéfice de 427.020 rm. 44 pf.

(2) Un grand nombre de fabriques obtiennent un rendement beaucoup plus élevé que cette moyenne. M. Georges Dureau, dans un article intitulé : *Ce qui se dit et se fait en Allemagne*, cite l'usine d'Oeste, dont le rendement s'est élevé, en 1877-78, à 10.25 % de sucre du poids de la betterave. (*Journal des Fabricants de sucre*, du 27 mars 1878.)

Lorraine a fourni depuis la guerre aux raffineurs allemands (1). Ce débouché est fermé, pour ainsi dire, aux produits français, malgré une plus-value de 50 c. à 1 franc, et même 1 fr. 50 c. par 100 kil. que les pains de Paris obtenaient encore dans ces pays il y a quelques années seulement.

En Juin 1879, les raffineurs allemands ont présenté une pétition à leur Gouvernement, demandant l'abaissement du drawback sur le sucre brut à Rm 9 au lieu de 9.40, et l'augmentation du drawback sur le sucre raffiné à Rm 12 et 11, suivant la qualité, au lieu de 11.50 et 10.80, taux actuels. Ils démontrent que, du 1er avril 1878 au 31 mars 1879, ils auraient pu, si la nouvelle taxation avait été appliquée, exporter 47.500 tonnes de plus de sucre raffiné, sans préjudice pour le Trésor et en conservant le même chiffre pour l'exportation du sucre brut, l'économie de drawback faite sur ce dernier compensant le surplus accordé au sucre raffiné.

.*.

Les droits établis à l'entrée en Allemagne sur les sucres étrangers constituent, au profit des sucres indigènes, une protection de 5 fr., puisque ces derniers ne payent que 25 fr. et que les produits importés doivent supporter un droit de 30 fr. Cet écart est même plus grand à à cause du rendement plus élevé obtenu par les fabricants.

Entre le droit de douane sur les sucres raffinés venant de l'étranger (37 fr. 50) et l'impôt de 28 fr. 75 perçu sur les raffinés allemands, il existe un écart de 8 fr. 75, qui assure à ces derniers le monopole du marché national.

« Pour les sucres raffinés fabriqués avec des sucres bruts *indigènes*, le drawback représente la restitution *intégrale* de l'impôt payé pour le sucre brut. Mais il n'en est pas de même pour les sucres raffinés fabriqués avec du sucre *étranger :* les drawbacks, pour ces derniers, ne représentent évidemment qu'une partie du droit payé à l'importation du sucre brut, puisqu'ils sont inférieurs à ce droit. En admettant que les rendements du sucre brut étranger soient les mêmes que ceux du sucre brut indigène, c'est-à-dire 81,74 % (sucre en pains et candis), et 87,04 % (sucre blanc), il s'ensuivrait que, pour être effectivement le remboursement du droit de douane, les drawbacks, pour les raffinés fabriqués avec du sucre brut étranger, devraient être

de . . . . 36,70 et 34,47
Or, comme ils ne sont que de. . . . . 28,75 et 27. »

il en résulte respectivement une perte de . . . . . 7,95 et 7,47
pour le raffineur qui opère avec du sucre brut étranger, alors que le raffineur qui emploie du sucre brut indigène est remboursé de la totalité de l'impôt payé par ce dernier. Le raffineur préférera donc naturellement le sucre brut indigène, et les sucres bruts étrangers sont nécessairement exclus du marché allemand (2). »

_____

(1) La France a perdu, par l'annexion, 1,600,000 habitants, soit la 24ᵉ partie de sa population totale. La consommation du sucre est très importante en Alsace-Lorraine, et on peut l'estimer de 15 à 20 millions de kilogr. Cette quantité, auparavant fournie par la raffinerie française, est livrée maintenant en majeure partie par la raffinerie allemande.

(2) *Enquête sur la question de l'impôt du sucre à la consommation*, 1872. — Documents généraux, p. 105.

AUTRICHE

En Autriche, le régime de l'abonnement qui a créé les primes date Page 72.
de 1865. Il suffit de jeter un coup d'œil sur les progrès considérables
de l'industrie sucrière pour comprendre dans quelle proportion la base
vicieuse de l'impôt a pu augmenter ces primes, que M. Linard chiffrait,
dès 1869, à 40 millions de francs pour une production évaluée à cette
époque à 250 millions de kilogr.

C'est l'exagération même de ces primes qui a fourni les preuves les
plus évidentes de leur existence. L'impôt est établi sur le poids de la
betterave, et ce poids est obtenu d'après la puissance du travail des
batteries de diffusion ou des presses hydrauliques. Les fabricants se
sont donc ingéniés de tout temps à augmenter leur travail dans la
mesure du possible. La production étant arrivée promptement à dé-
passer la consommation intérieure, il a fallu recourir à l'exportation.
Celle-ci a pris, à partir de 1874-75, un tel développement que le remboursement des droits pendant cette campagne a absorbé, et au delà, Page 99.
l'impôt que le Trésor avait perçu sur tout le sucre fabriqué dont la
moitié environ avait été livrée à la consommation intérieure.

.**.

Tout le sucre consommé en Autriche n'avait donc pas payé de droits,
et le Trésor servait, en plus, une somme assez ronde aux exportateurs.
Précisons par des chiffres, que nous trouvons dans le discours de
M. Huber, conseiller secret de l'empereur d'Allemagne, au Reichstag,
dans la séance du 22 février 1879 :

CAMPAGNE 1874-75	FLORINS	FRANCS
Recettes sur les betteraves et sucres bruts importés.	9,337,435	23,054,127
Restitutions à l'exportation. . . .	9,472,991	23,388,814
Déficit.	135,556	334,687

Le gouvernement a donc remboursé, à l'exportation des sucres
bruts, une somme supérieure de 135,556 florins ou 334,687 fr. à celle
qu'il avait encaissée comme droit de fabrication.

La production des sucres, pendant cette même campagne, est évaluée à. . . . . tonnes 158,894

L'exportation, à. . . . .   —   61,304

Il reste ainsi une différence de. . . . tonnes   97,590
pour la consommation. Cette évaluation de la consommation est inférieure à la vérité ; mais en l'admettant comme exacte, nous trouvons
que ces 97,590 tonnes de sucre consommé n'ont payé aucun impôt et
que le Trésor a encore versé aux exportateurs une somme de 334,587 fr.

Il n'a pas fallu moins qu'une telle situation pour nécessiter une
modification dans la législation. En 1877, le gouvernement a appliqué
une augmentation du rendement des appareils de 67 % ; mais cette
augmentation a été reperdue par l'accroissement de l'exportation. Un
régime qui peut donner de tels résultats, disait M. Brestel dans la discussion qui eut lieu dans les bureaux de la Chambre, doit subir une
modification dans sa base même.

La surabondance de production de la récolte de 1875-76 avait amené dans tous les pays d'Europe une diminution dans les ensemencements; l'Autriche seule fit exception, et la surface reçut un nouveau développement. On cherchait à augmenter encore les primes par des moyens d'extraction perfectionnés. La diffusion, qui diminue considérablement la durée des travaux, trouvait son application dans la plupart des usines.

***

Le tableau suivant, qui indique le travail des sucreries autrichiennes en 1876-77, avec la comparaison en 1866-67, fait ressortir la transformation qui a eu lieu pendant ces dix années : Page 99.

CAMPAGNES	1876-77	1866-67
Presses.	30	114
Centrifuges	»	3
Macération	»	2
Diffusion	181	2
TOTAL. . .	211	121

L'insuffisance de ce régime était prouvée. Pour y remédier, le Trésor demanda, en 1878, à l'exemple de la Belgique, un revenu net fixe, pour 1878-79, d'une somme de 6 millions de florins (fr. 14,814,000), avec une augmentation successive de 1/2 million de florins pour chaque campagne suivante, jusqu'à ce que le chiffre de 10 millions 1/2 de florins fût atteint. Page 73.

***

La base de l'impôt, pour la campagne 1878-79, était de 1,100 kil. de betteraves par hectolitre de capacité de la batterie de diffusion et par jour, à raison de 73 kreutzers par 100 kil. de betteraves, soit $11 \times 0,73 = 8$ fl. 03 (ou 19 fr. 83 c.) par hectolitre et par jour, ou 1 fr. 803 par 100 kil. de betteraves.

Au lieu de 1,100 kil. de betteraves, base de l'impôt, on peut travailler par jour et par hectolitre de contenance 1,600 à 2,000 kil. Supposons une moyenne de 1,800 kil., on aura donc payé pour 1,800 kil., 8 fl. 03 (19 fr. 83 c.), soit par 100 kil. . . . . . . 1^{f}102^e
ce qui constituerait une prime de. . . . . » 701

Sur le droit de. . . . . . 1^{f}803^e

soit 0 fr. 701 par 100 kil. de betteraves.

En admettant qu'il faut 1,250 kil. de betteraves par 100 kil. de sucre, cela représenterait ainsi une prime de 8 fr. 76 par sac de sucre.

Il est probable que les 8 fl. 03 à payer par hectolitre seraient insuffisants et les fabricants auront de ce chef une différence à verser qui diminuera cette prime; on peut facilement admettre que la prime sera encore de 6 à 7 fr. par sac de sucre.

***

Voyons maintenant de quelle manière sont établis les calculs de ces mêmes primes dans les documents que nous avons sous la main.

M. Jacquemart a lu au Comité des fabricants de sucre, le 15 février 1879, un rapport sur la sucrerie en Autriche. Ce travail, adressé au ministre des finances, au ministre du commerce, et à notre ambassadeur en Autriche, M. Teisserenc de Bort, a été résumé dans une brochure dont voici la reproduction :

« L'Administration estime que dans un vase de la contenance de un hectolitre, on traite, pour en extraire le sucre, 1,100 kil. de betteraves en vingt-quatre heures ; que dans un vase de 2 hectolitres, on traite deux fois 1,100 kil. de betteraves.

Elle fait payer l'impôt pour vingt-quatre heures sur autant de fois 1,100 kil. de betteraves que les appareils contiennent d'hectolitres.

Ces appareils, dont nous allons étudier la marche et qui sont les plus employés, ont une contenance générale, les uns de 126 hectolitres, ce sont les batteries de 9 diffuseurs de 14 hectolitres chacun, et les autres de 90 hectolitres, ce sont les batteries de 9 diffuseurs de 10 hectolitres chacun.

On devrait donc traiter, pendant vingt-quatre heures, selon l'évaluation légale, dans les premiers appareils, $126 \times 1,100 = 138,600$ k. de betteraves.

Dans les seconds, $90 \times 1,100 = 99,000$ kil. de betteraves.

Ce sont ces quantités sur lesquelles l'impôt est payé, *quelles que soient les quantités qui entreront effectivement dans les appareils, en vingt-quatre heures.*

Disons quelles sont les quantités qu'on y a réellement traitées en 1878-79.

Voici les résultats très exacts que nous a fournis une enquête récente et sévèrement faite :

Dans les appareils de 126 hectolitres, on traite aujourd'hui par vingt-quatre heures 200,000 kil. de betteraves, au lieu de la quantité légale de 138,600 kil., c'est-à-dire qu'on ne paye que 69,3 % de l'impôt réellement dû.

Dans les appareils de 90 hectolitres, on marche encore plus vite.

Dans certains, on traite 200,000 kil. de betteraves en vingt-quatre heures, au lieu de la quantité légale de 99,000, c'est-à-dire qu'on ne paye que 50 % de l'impôt.

Dans les appareils de même contenance, on traite, en vingt-quatre heures, jusqu'à 220,000 kil. de betteraves, au lieu de la quantité légale de 99,000 kil., c'est-à-dire que, dans ce cas, on ne paye que 45 % de l'impôt.

On peut donc dire qu'en moyenne, pendant la campagne 1878-79, on n'a payé que 55 p. 100 $\frac{69,3 + 50 + 45}{3}$ de l'impôt réellement dû. Disons 60 p. 100, pour éviter tout reproche d'exagération.

Ce régime a eu pour conséquence inévitable de développer la fabrication et surtout l'exportation à laquelle il procure des primes considérables s'élevant, comme on le verra plus loin, en 1877-78 à 25 % et en 1878-79, à 17 %, en moyenne, de la valeur du sucre exporté.

Mais par suite de ces circonstances mêmes les drawbacks payés à l'exportation du sucre ayant atteint et dépassé le produit de l'impôt perçu, on a, afin d'éviter un aussi triste résultat pour le Trésor, voté la loi du 27 juin 1878, dont l'article 2 prescrit que :

« 1° L'impôt sur le sucre devra produire au Trésor, en 1879, un « minimum net de 6 millions de florins, soit au pair, 15,000,000 francs.

« 2° Ce minimum sera augmenté chaque année de 500,000 flor. « soit 1,250,000 francs, jusqu'à ce qu'il atteigne, net, au total « 10,500,000 flor. soit 26,250,000 francs. »

DES PRIMES EN 1878-79

Rappelons que pendant la campagne 1878-79 l'impôt sucrier a eu pour base en Autriche un poids de 1,100 kil. de betteraves par hectolitre de capacité des appareils et par 24 heures ;

Qu'il est de 18 fr. 25 c. en papier, par 1,000 kil. de betteraves ou de 15 fr. 20 en or ;

Et que l'impôt perçu s'élève à 20,640,000 florins.

soit à 51,600,000 francs environ.

Cette somme correspond à 2,827,900 ton. de betteraves imposées. Mais, ainsi que nous l'avons dit plus haut, pendant cette campagne, la quantité imposée était de 60 % environ de la quantité réellement travaillée. La quantité de betteraves travaillées s'élevait par conséquent à 4,710,000 tonnes environ.

Le sucre total produit a été, selon qu'on admet un rendement de la betterave en sucre de 8 1/2 ou de 9 %, de 400 ou de 424 millions de kil.

D'après les résultats connus à la fin d'avril dernier, on peut évaluer l'exportation autrichienne pour la campagne courante :

à 110,000,000 kil. de sucre brut.

à 80,000,000 kil. de sucre raffiné.

Dans ces conditions cherchons quelles ont été les primes autrichiennes.

PRIME SUR LE SUCRE BRUT

Impôt perçu. . . . . Fr.		51.600.000
Drawbacks payés :		
Pour 80,000,000 kil. de raffiné à 27,95 par 100 kil. . . . . Fr.	22.360.000	
Pour 110,000,000 kil. de brut à 22,75 par 100 kil. . . . . »	25.025.000	47.385.000
D'où gain restant au Trésor. . . . . Fr.		4.215.000
Mais le Trésor doit toucher net, en vertu de la nouvelle loi. . . . . »		15.000.000
Il y a donc lieu de réclamer à toute la sucrerie la différence. . . . . Fr.		10.785.000

Cette somme répartie sur les 424 millions de kil. de sucre produit représente par 100 kil. 2 fr. 54 c. en papier, soit 2 fr. 12 c. en or.

L'impôt total, supporté par le sucre brut, est donc le suivant :

L'impôt légal, en admettant un rendement en sucre de 9 % de la betterave est de 16 fr. 90 c. en or (1) par 100 kil.

Mais ainsi que nous l'avons dit, l'impôt *payé* n'est que 60 % de l'impôt nominal ; il est donc de (2). . . . . Fr. 10 14

A cet impôt il faut ajouter l'impôt supplémentaire que nous venons d'indiquer. . . . . » 2 12

Total de l'impôt payé par 100 kil. sucre brut. . . Fr. 12 26

Le drawback est de. . . . . » 22 75

---

(1) 90 kil. : 18,25 impôt de 10 kil. bett. : : 100 : $x = 20,30$ en papier et 16,90 en or.

(2) En 1877-78, l'impôt payé n'était que de 10 fr. 14, et la prime de 12 fr. 60 en papier ou de 10 fr. 50 en or.

D'où la prime par 100 kil. de sucre brut autrichien
exporté en 1878-79 est en papier, de . . . . Fr.   10 50
et en or, de . . . . »   8 75

PRIME SUR LE RAFFINÉ

Pour faire 100 kil. de raffiné, nous admettons qu'il faut 115 kil. de
sucre brut.

L'impôt supporté par 100 kil. de raffiné sera de
$12,26 + \frac{12,26}{5}$ . . . . Fr.   14 71
Le drawback est de . . . . »   27 95

D'où la prime par 100 kil. de sucre raffiné autrichien
exporté en 1878-79 est en papier, de . . . . Fr.   13 24
et en or, de . . . . »   11 04

DES PRIMES AUTRICHIENNES EN 1879-80

En 1879-80, la base de l'impôt autrichien sera élevée en vertu du
décret du 23 mai 1879, de 1,100 kil. de betteraves à 1,800 kil. par
hectolitre de capacité des appareils diffuseurs; en outre, le minimum
de la somme nette, que devra produire au Trésor l'impôt sur le sucre,
sera élevé, en vertu de la loi en vigueur, de 15,000,000 de francs à
16,250,000 francs.

Nous nous proposons de rechercher quelles seront les primes des
sucres bruts et raffinés autrichiens exportés sous le nouveau régime
pour une production et une exportation égales à celles de 1878-79, et
de montrer qu'elles ne diffèrent pas considérablement de celles ac-
tuelles. Ce point est, aujourd'hui, le plus intéressant à étudier.

Remarquons d'abord que les appareils de grande capacité, à la
marche moins rapide, deviendront impossibles.

Ainsi aux appareils de neuf diffuseurs de 14 hectolitres chacun
et d'une capacité totale de 126 hect., on réclamera l'impôt sur
$126 \times 1,800$ kil. = 216,000 kil. de betteraves par 24 heures, alors
que par une marche forcée, on n'y traite que 200,000 kil.! Ces grands
appareils seront donc supprimés. — On se prépare à les remplacer par
des appareils dont les diffuseurs auront une capacité de dix et même
de huit hectolitres, dans l'espérance de marcher encore plus vite avec
ces derniers qu'avec ceux de 10 hectol , et de payer un impôt encore
moindre.

En 1879-80 il n'y aura donc plus, en activité, que de petits appareils à marche très rapide.

Les appareils dont les diffuseurs sont de 10 hect. et la capacité générale de 90 hect. seront taxés à $90 \times 1,800$ = 162,000 kil. de betteraves par 24 heures, alors qu'ils peuvent traiter 200 à 220,000 kil.
dans le même temps.

C'est-à-dire qu'avec ces appareils on ne payera que 73,6 % à 81 %
de l'impôt (1).

Nous croyons, en tenant compte des nouveaux appareils plus rapides
que les précédents, être dans le vrai en disant qu'en moyenne on
payera 75 % de l'impôt environ, tandis qu'en 1878-79 on n'en payait
que 60 %.

---

(1) 220 : 162 : : 100 : x = 73,6 } Moyenne : 77,3
   200 : 162 : : 100 : x = 81

L'impôt total payé en 1878-79 est de 51,600,000 francs.

Il s'élèvera en 1879-80 dans la proportion suivante :

Les 60 % de l'impôt légal représentent....	Fr.	51.600.000
75 % représenteront.............	»	64.500.000
L'impôt perçu s'élèvera donc à.......	»	64.500.000

Nous admettrons en 1879-80 une exportation égale à celle de 1878-79, c'est-à-dire de 80,000,000 kil. de raffiné et de 110,00000,000 de brut.

Les drawbacks reçus par les exportations s'élèveront encore :

Pour le raffiné à 80,000,000 × 27,95 = 22,360,000
Pour le brut   à 110,000,000 × 22,75 = 25,025,000

Total des drawbacks payés....	Fr.	47.385.000

D'où la recette du Trésor excédera la dépense de Fr. 17.115.000

Cet excédent, aux termes de la loi doit être au moins de.................. Fr. 16.250.000

Cette condition étant remplie, le gouvernement autrichien n'aura pas à demander à la sucrerie un impôt complémentaire.

Ceci dit, arrivons aux primes.

PRIMES EN 1879-80 SUR LES SUCRES BRUTS AUTRICHIENS EXPORTÉS.

Nous admettons toujours le rendement de 9 % de la betterave en sucre ; cela correspond à un impôt nominal en or de 16 fr. 90 par 100 kil de sucre brut [1] mais on ne payera, avons-nous dit, que 75 % de l'impôt nominal, soit 0,75 × 16,90 = 12 fr. 67.

Le drawback étant de.............	Fr.	22 75
L'impôt payé de.................		12 67
Il reste pour la prime 1879-80, valeur en papier...	Fr.	10 08
Ou valeur en or.................		8 40

(par 100 kil. de sucre brut exporté.)

Rappelons qu'en 1878-79, cette prime est de 8 fr. 75 c. en or ; — différence, 0 fr. 35 c. seulement.

PRIME POUR LE RAFFINÉ AUTRICHIEN EXPORTÉ EN 1879-80.

Pour produire 100 kil. de raffiné, nous admettrons qu'il faut 120 kil. de sucre brut.

Les droits payés, par 100 kil. de raffiné, seront donc de

$$12,67 + \frac{12,67}{5} = 15 \text{ fr. } 20$$

Le drawback étant de.........	Fr.	27 95
L'impôt payé de..............		15 20
Il reste pour la prime........	Fr.	12 75 en papier,
ou...........		10 63 en or,

par 100 kil. de raffiné autrichien exporté en 1879-80.

_____

(1) 90 : 15,20 impôt en or de 1,000 kil. bett. : : 100 : x = 16,90 en or.

Rappelons encore que cette prime, en 1878-79, est de 11 fr. 04 en or ; — différence 0 fr. 41 seulement.

Il est utile de remarquer que l'élévation considérable de la base de l'impôt diminue à peine l'importance des primes. On comprend, en effet, que plus l'impôt prélevé en premier lieu sera grand, plus l'impôt prélevé *en second lieu*, pour compléter le minimum de recette nette exigé par le Trésor, sera moindre et que même il pourra, comme dans le cas présent, disparaître.

Les effets de la surcharge sont donc atténués de tout ce qu'elle supprime du second appel.

P.-S. — Si le rendement en sucre de la betterave descendait à 8,5 %, l'impôt nominal par 100 kil. de sucre deviendrait 21 fr. 46 en papier, ou 17 fr. 90 en or, et l'impôt *payé* deviendrait 0,75 × 17,90 = 13 fr. 40, au lieu de 12 fr. 67, c'est-à-dire que la prime sur le brut diminuerait de 0 fr. 70 en papier ou de 0 fr. 60 en or, et descendrait à 7 fr. 80 en or.

La prime sur le raffiné diminuerait de 0 fr. 88 en papier et de 0 fr. 73 en or et descendrait à 9 fr. 90 en or. »

Ici s'arrête le travail de M. Jacquemart.

⁎

M. Riedel, constructeur à Halle (Saxe) va plus loin encore, d'après la note suivante, extraite du *Journal des Fabricants de sucre* (mai 1879) :

« Dans une réunion de fabricants allemands, tenue à Halle (Saxe) en février dernier, il a fait le récit d'un voyage en Autriche-Hongrie, et a exposé le mode de travail des batteries de diffusion dans ce pays. M. Riedel, qui est l'inventeur d'un système de batterie de diffusion particulier, et qui a construit un grand nombre d'appareils de ce genre, est parfaitement compétent et l'on peut ajouter foi à ses déclarations.

« D'après M. Riedel, les diffuseurs les plus usités en Autriche-Hongrie sont d'une capacité de 10 à 12 hectolitres. Ces diffuseurs reçoivent de 5 à 600 kilogrammes de cossettes. En vingt-quatre heures, on arrive à faire 480 à 500 diffuseurs. En se basant sur ces chiffres, une batterie de huit diffuseurs représente 8 × 12 = 96 hectolitres qui produisent, en vingt-quatre heures, un travail de 500 × 600 = 300,000 kilogrammes de racines, soit par hectolitre et par vingt-quatre heures 3,125 kilogrammes. Or, le fisc admet pour base de l'impôt le chiffre de 1.100 kilogrammes.

« Ainsi, une usine ayant huit diffuseurs de 12 hectolitres ou 96 hectolitres est supposée travailler 96 × 1,100 ou 105,600 kilog. Elle paye, à raison de 18 25 les 100 kilogr., un impôt de 1,927 fr. Au rendement de 8 % cela fait une quantité de sucre de 8,448 kil. de sucre brut, et un impôt de 22 fr. 75 environ par sac, au taux du drawback. Mais le rendement s'approche généralement de 8,5 % et dépasse ce chiffre dans les établissements où l'on épuise la mélasse. Admettons 8,5 % ; l'usine produit, avec 300,000 kilogrammes de racines, 255 sacs de sucre brut, qui ne supportent ensemble que 1,927 francs, soit 7 fr. 55 par sac. Le fabricant devrait payer 22 fr. 75 ; il paye seulement 7 fr. 55 ; la différence lui constitue, à l'exportation, une prime de 15 fr. 20 par sac. »

⁎

De son côté, M. Georges Dureau, dans le *Journal des fabricants de sucre* du mois d'août dernier, expose ainsi la question des primes autrichiennes :

« Pendant toute la durée de l'exportation, dit-il, le marché anglais, principal réceptacle des sucres exportés, règle le prix du sucre vendu en Autriche pour la consommation, car si la cote de ce dernier était supérieure à celle du marché anglais, on n'exporterait pas. Il n'y a de différence entre ces deux prix que le montant du drawback de fl. 9, 10, et c'est ce droit recouvré sur le sucre consommé qui sert au fabricant à payer le minimum d'impôt demandé par l'Etat.

De plus, le marché anglais achète le sucre autrichien rendu franco bord à Hambourg; le fabricant supporte donc le transport de Prague à Hambourg, soit environ fl. 1,70 par 100 kil., et ce fret lui incombe même pour toute sa production, puisque le prix à l'intérieur est réglé sur la cote à l'exportation.

En calculant d'après ces bases pour la campagne 1878-79, supposant une production totale de 400,000 tonnes, dont moitié va à la consommation, et moitié à l'exportation, et tenant compte du minimum d'impôt de fl. 6,000,000 demandé par l'Etat, il arrive aux résultats suivants :

Le droit de fl. 9,10 calculé sur les 200,000 tonnes livrées à la consommation rapportera aux fabricants. . . . . . . Fl. 18.200.000

Ils auront à payer :

Minimum d'impôt. . . . . Fl.   6.000.000
Fret de fl. 1,70 sur la production
totale de 400,000 tonnes 6.800.000   12.800.000

Il restera donc aux fabricants. . . . . Fl.   5.400.000

soit une prime, sur les 200.000 tonnes exportées, de fl. 2.70, ou ou fr. 6,65 environ par 100 kil.

Pour 1879-80, la production sera sensiblement égale à celle de la campagne précédente, mais la prime sera diminuée de fl. 500,000 demandés en plus par l'Etat. Elle sera encore de fl. 2,45, ou fr. 5 environ, par 100 kil. de sucre brut exporté.

En 1887-88, le minimum d'impôt demandé sera de fl. 10,500,000. On peut supposer qu'à cette époque la consommation atteindra 225,000 tonnes et l'exportation 300,000 tonnes, si les exportateurs étrangers ne peuvent vaincre la concurrence autrichienne.

On trouve alors pour le calcul de la prime :

Le droit de fl. 9,10, appliqué à la consommation, rapportera aux fabricants. . . , ... Fl.   20.475.000
Ils payeront au Trésor. . . . . Fl.   10.500.000
Pour le fret sur la production totale.   8.925.000   19.425.000

Il leur restera donc. . . . . Fl.   1.050.000

soit une prime sur les 300,000 tonnes exportées de fl. 0,35, ou fr. 0,85 environ par 100 kil.

Si on suppose une mauvaise récolte, la consommation restant à peu près stationnaire vers 200,000 tonnes, l'exportation sera très faible, et comme le droit payé au fabricant par la consommation sera le même que précédemment, la prime sur le sucre exporté sera très forte et atteindra 12 à 15 fr. par 100 kil. Mais cette prime ne compenserait que faiblement les pertes subies par l'industrie à la suite d'une telle diminution de production.

« En résumé, dit M. G. Dureau, l'augmentation annuelle de la recette des sucres fixée pour une période de dix ans ne peut pas assurer l'extinction des primes autrichiennes. Seulement, cette disposition fiscale a un avantage très sérieux pour le Trésor et pour l'industrie elle-même. Tandis qu'avant la loi du 27 juin 1878, le Trésor autrichien avait à supporter tout le poids des primes d'exportation, qui lui ont enlevé plus que les sucres n'avaient produit, le régime actuel, au contraire, assure au gouvernement une recette déterminée par avance, et qui doit être intégralement payée par les fabricants. Les primes sont maintenant à la charge de ces derniers et ne causent aucun dommage au Trésor. En effet, au moment du payement ultérieur, les fabricants qui ont le meilleur outillage, qui obtiennent pour une égale prise en charge les plus grands excédants, participent à ce payement dans une mesure moindre que les autres. C'est à ces derniers que le Trésor a pour ainsi dire légué le fardeau des primes. La conséquence de ce régime est manifeste : les fabricants mal outillés, obtenant peu de rendement, ne travaillant pas assez vite, devront disparaître ou transformer leur mode de travail. Il se fera tout naturellement une sorte de sélection des usines. Dans ces conditions, nous ne serions nullement étonnés que d'ici peu d'années les primes devinssent un encouragement inutile pour l'industrie du sucre en Autriche. Sa véritable force résiderait dans sa bonne organisation. »

Pendant la campagne 1878-79, le drawback remboursé sur une exportation d'environ 200,000 tonnes, a absorbé et au-delà le montant de l'impôt. Ce résultat, qui confirme absolument tout ce qui précède, a provoqué le décret du 26 mai dernier, portant le travail des diffuseurs de 1,100 kil. à 1,800 kil., et augmentant le rendement des presses de 40 % pendant la campagne 1879-80.

Le même décret visait le supplément à réclamer aux fabricants, pour obtenir le minimum d'impôt pendant la campagne 1878-79.

La campagne fiscale 1878-79 se résume comme suit :

La quantité de betteraves travaillées, suivant les comptes du gouvernement, était de 30,926,289 quintaux métriques, répartis entre 226 usines, dont 199 travaillant par la diffusion et 27 employant les presses.

Le travail journalier s'élevait par diffusion en Autriche à 17,698.66 hectol. contre 23,665.64 hectol. la campagne précédente, en Hongrie à 723.7 hectol., contre 1,048.5 hectol. la campagne précédente.

La contenance moyenne d'un diffuseur était en Autriche de 10.3 hectol. contre 17.4, 21.2 et 25.5 la campagne précédente. En Hongrie, cette contenance était de 11.5 hectol. contre 16.38 la campagne précédente. Le plus grand diffuseur contenait 17 hectol., le plus petit 3.89.

L'impôt à percevoir sur la quantité déclarée plus haut est de.	Fl. 22.576.190
A déduire 8 1/2 % comme bonification pour les arrêts du travail.	1.926.190
Reste net pour l'impôt à percevoir.	20.650.000
Il a été remboursé en restitution des droits à l'exportation.	18.960.723
Différence.	Fl. 1.689.277
Réclamant un supplément de droit de	4.310.723
Pour faire.	Fl. 6.000.000

Cet impôt supplémentaire, qui est payable un mois après la clôture définitive des comptes des fabriques, est par conséquent de 15 kreutzers 24 par quintal métrique de betteraves acquittées.

RUSSIE

L'industrie du sucre n'a pris de l'extension en Russie que vers 1848, Page 100.
à la suite de l'augmentation des droits d'entrée sur le sucre étranger;
en 1860, la production s'élevait à 1 million 1/2 de pouds, et, dix ans
plus tard, elle dépassait 6 millions de pouds, soit environ 100 millions
de kilogrammes, suivant les documents officiels qui n'indiquent pas
les quantités réellement fabriquées.

Aujourd'hui, d'après les calculs les mieux établis, la moyenne est
de 220 millions de kilogrammes, ce qui représente à peu près la consommation intérieure. Aussi, avec une forte récolte, comme celle de
1876-77, qui était de 250 millions, il y a un excédant auquel il faut
trouver un débouché à l'exportation.

Les drawbacks fixés par l'arrêté du 8 mai 1873, pour le sucre blanc,
à 40 kopecks par poud (9 fr. 63 c. par 100 kil.) et pour le sucre brut
à 23 kopeks (5 fr. 55 c. par 100 kil.), tandis que l'impôt est à peu près
du double, ne pouvaient guère faciliter l'exportation jusque-là, parce que
les moyens de transport étaient des plus difficiles jusqu'à ces derniers
temps et que la production n'excédait pas la consommation du pays.

Mais en 1876-77, cette situation s'était modifiée. La récolte laissait
un excédant de 30 à 40 millions de kilogr., qui pesait d'autant plus
sur les prix du sucre que des quantités importantes de raffinés français
et hollandais s'étaient accumulées dans les dépôts des frontières russes.
Et tandis que cet encombrement avait avili les prix, une forte hausse
s'était produite en Europe. — C'est alors que le gouvernement a augmenté le drawback en le portant au taux nominal de l'impôt, c'est-à-
dire à un chiffre qui laissait une forte marge au fabricant à cause de
ses excédants (1).

Cette étude rétrospective nous a paru nécessaire, afin de bien établir
la situation de la Russie et d'indiquer le rôle qu'elle peut être appelée
à jouer sur le marché des sucres. — Nous allons maintenant faire ressortir les avantages que le régime inauguré en 1876 offre à la sucrerie russe, laquelle ne tarderait certainement pas à prendre un grand
développement, même avec une prime inférieure à celle obtenue jusqu'au
1er octobre 1878.

L'impôt, en Russie, repose sur les mêmes principes qu'en Autriche,
mais il est calculé d'après le rendement normal en sucre et non sur la
betterave.

Il y a, en outre, dans ce système, une certaine complication provenant de ce que le fisc n'admet pas la même richesse de la betterave
pour toutes les fabriques. Le pays est divisé en trois régions, ayant Page 76.
chacune un rendement différent; ensuite les fabriques sont classées
en deux catégories : les unes *agricoles* et les autres *industrielles*,
ayant encore un rendement en sucre différent, suivant qu'elles emploient les presses ou la diffusion. Aussi l'inégalité est frappante pour
les fabricants, suivant la situation des usines et suivant les procédés d'extraction.

---

(1) Si l'on considère que la valeur du rouble avait diminué d'environ 5 %, on
trouve que, malgré les prix extraordinaires du sucre en France, l'acheteur français n'a pu payer le poud de sucre russe que 2 r. 20 à 2 r. 40. Or, ce sucre revient
au fabricant à environ 4 roubles; la concurrence du sucre russe sur les marchés
de l'Europe ne peut donc sérieusement inquiéter les fabricants français pour
l'avenir. — Eng. Feltz.

Les fabricants arrivent à diminuer le taux de l'impôt d'une manière très appréciable par des changements dans l'installation des usines.

Un correspondant de la *Deutsche Zucker-Industrie*, dans une lettre datée du mois de mai 1878, cite une usine dans laquelle on avait remplacé deux presses qui faisaient un travail de 400 berkowetz par jour, par deux presses plus fortes travaillant 650 berkowetz. L'impôt se trouvait réduit de moitié. Une autre fabrique remplaçait ses diffuseurs en activité depuis deux ans par d'autres plus petits : coût 15,000 roubles; mais l'impôt descend de 80,000 à 63,000 roubles.

***

En 1871, une commission spéciale, nommée pour examiner les questions se rattachant à l'accise et aux droits sur les sucres, présentait au ministre du commerce un rapport qui a été publié par M. B. Goworoff. Ce document constate une augmentation dans le travail des appareils de plus du double depuis une dizaine d'années que les bases avaient été établies.

***

Le tarif des douanes offre une forte protection à l'industrie russe, puisque le droit d'entrée sur les sucres étrangers est deux fois plus élevé que l'impôt intérieur.

Cette protection exagérée a été reconnue nécessaire de tout temps, et la Russie n'y renoncerait pas facilement sans doute encore aujourd'hui (1).

Le revenu du Trésor sur les sucres étrangers importés s'était élevé, Page 100. de 2 millions de roubles en 1829, à 8.107,649 en 1844; à partir de cette dernière année, il a baissé. En 1857, il n'est que de 3 millions 1/2. et l'impôt sur la fabrication indigène ne rend que 1/2 million de roubles. En 1867, les douanes produisent seulement 1,717,930 roubles, l'accise 1,525,014; trois années après, le revenu des douanes tombe à 13,913 roubles; le droit d'accise augmente à 2,417 869 roubles.

Le droit de douane et l'impôt intérieur ont donné 6,372,191 roubles en 1875; par suite des primes d'exportation, ce chiffre est tombé, en 1876, à 5,937,625 et, en 1877, à 3,470,000 roubles.

Depuis 1872, le minimum de la recette nette sur la fabrication des Page 76. sucres de betterave est fixé à 6 millions 1/2 de roubles ou 25,675,000 fr. Ce chiffre devrait être beaucoup plus élevé avec une production variant entre 200 et 250 millions de kilogrammes, si l'impôt correspondait réellement au taux fixé par la législation.

---

(1) En 1866, lorsqu'il s'est agi de réformer la législation des sucres, il avait été question de diminuer l'écart existant entre l'accise et le droit de douane ; mais la commission chargée de l'étude de la question concluait à son maintien, afin de ne pas porter atteinte à l'industrie sucrière. Le rapport présenté la même année par le conseil de l'empire, concluait dans un sens identique en disant « que l'abaissement des droits d'entrée servirait les intérêts du consommateur et du fisc, « mais qu'il fallait prendre aussi en considération les intérêts de l'industrie, qui « s'est développée sous le régime protecteur; qu'un tel changement pourrait « ébranler un certain nombre de fabriques, et arrêter en beaucoup d'endroits la « culture de la betterave. »

Même conclusion encore dans le rapport sur l'administration des provinces du Sud-Est, présenté à l'empereur le 1er mars 1866, par le général Bésat.

ITALIE

La production du sucre de betterave en Italie est insignifiante. Deux ou trois fabriques, installées depuis moins de dix ans, n'ont qu'une existence précaire, et il est peu probable que l'industrie soit susceptible d'un grand développement dans ce pays. Aussi, ne parlerons-nous ici que de sa raffinerie, dont l'extension rapide pendant les dernières années a fermé presque complètement ce débouché aux raffinés français et autrichiens.

L'importation du sucre raffiné, en Italie, était de 56,972 tonnes Page 101. en 1871 ; elle est tombée à 25,420 en 1878, pendant que celle du sucre brut est montée de 14,146 à 47,819 tonnes dans la même période.

Il n'y a qu'une seule raffinerie en Italie ; elle est à Gênes. Sa prospérité est telle, que, suivant le rapport du ministre des finances, M. Magliani, cet unique établissement sera bientôt en mesure de fournir le sucre nécessaire à la moitié au moins de la consommation du royaume, en travaillant 4 à 500,000 quintaux métriques.

Le crédit de six mois pour l'acquittement des droits, dont la raffinerie génoise a joui jusqu'au mois de juin 1879, lui offrait un bénéfice d'autant plus considérable que le procédé des presses centrifuges lui permet de livrer en vingt-quatre heures les pilés recherchés pour la consommation intérieure. Aussi la discussion relative à ce crédit a été très animée ; mais la raffinerie n'a obtenu qu'une prolongation de trois mois après la promulgation de la loi, pour le payement des droits sur les sucres bruts contre traite à six mois.

Outre l'avantage résultant pour la raffinerie italienne de son travail rapide et économique, elle a celui d'un rendement en pilés, plus élevé que celui obtenu par la raffinerie étrangère qui fabrique des pains.

**

La loi du 25 juillet 1879 a fixé les droits d'importation pour le sucre Page 77. brut à lires 53, et pour le sucre raffiné à lires 66,25 par 100 kil., au lieu de lires 41,95 (20,80 + 21,15) pour le sucre brut, et lires 50 (28,85 + 21,15) pour le sucre raffiné, droits qui existaient précédemment, selon la loi du 2 juin 1877.

Dans le nouveau traité de commerce (janvier 1879) entre l'Autriche et l'Italie, il est stipulé que le droit de douane sur le sucre brut, dans ce dernier pays, ne peut être moindre que les 4/5 du droit d'importation sur le sucre raffiné.

En outre, le crédit de six mois pour l'acquittement des droits était supprimé, comme nous l'avons dit plus haut.

« La raison de cette augmentation, dit le Ministre des finances, est non seulement de procurer une augmentation de revenu de 5,000,000 de lires, mais encore d'enlever tout prétexte de réclamation aux raffineurs, en les faisant profiter (supposant leur production moyenne de 90 %) d'une prime de lires 7,36, *qui sera plus forte que celle qu'ils obtenaient par le crédit des droits.* »

Voyons, en effet, quelle est la prime actuelle de la raffinerie italienne.

Les droits payés par la raffinerie italienne sont de :

	Sucre brut	Sucre raffiné
Par quintal, en or. . . . . lires.	53 »	66 25
Agio 9 °/₀. . . . . —	4 77	6 16
Lires.	57 77	72 41

Page 77.

L'écart est ainsi de lires 14,64. En comptant sur un rendement de 90 °/₀, le raffineur payerait, s'il importait 90 kil. de sucre raffiné,

Lires. 65 17

tandis qu'il ne payera que. 57 77

Différence. . . . Lires. 7 40

Donc la nouvelle loi accorde au raffineur italien une prime de lires 7.40 par 100 kil., chiffre sensiblement le même que celui indiqué ci-dessus dans la citation du Ministre des Finances d'Italie.

* *

Avant la loi du 25 juillet 1879, la prime se calculait ainsi :

	Sucre brut	Sucre raffiné
Droit par quintal. . . . . Lires.	20 80	28 85
Agio, 9 °/₀. . . . . —	1 87	2 60
Droit de consommation . . . . —	21 15	21 15
Lires.	43 82	52 60

Soit un écart de lires 8.78, ce qui, sur un rendement de 90 °/₀ comme ci-dessus, produisait une prime de lires 3.52 par 100 kil., car ces 90 kil. de sucre raffiné importés au droit de 52.60 auraient payé

Lires. 47 34

tandis que le raffineur ne payait que. . . . . . . Lires. 43 82

Différence. . . . . Lires. 3 52

Mais le raffineur ne payait le droit qu'à 6 mois; il bénéficiait donc, en outre, de l'intérêt de ces 6 mois, à 5 °/₀ l'an, par exemple, soit lires 1.10 par 100 kil. Cet intérêt venait s'ajouter à la prime, qui se trouvait, par conséquent, être d'environ lires 4.62 par 100 kil.

Donc, au lieu d'avoir seulement une prime de lires 4.62 par 100 kil., le raffineur profite actuellement de lires 7.40 ou fr. 7.40, d'après la nouvelle loi du 25 juillet 1879.

* *

Le tarif d'entrée en Italie, qui frappe tous les sucres bruts au-dessous du type hollandais n° 20 d'un droit uniforme, offre un avantage au raffineur indigène, qui ne met en œuvre que les sucres les plus riches, dont le travail est plus facile et qui laissent moins de déchet que les bas sucres.

ETATS-UNIS

Les primes américaines résultent du travail des raffineries, qui sont très importantes et alimentent une consommation à peu près aussi considérable que celle de la Grande-Bretagne. Les principales usines se trouvent dans les environs de New-York, où viennent se faire raffiner les sept-huitièmes des sucres importés aux Etats-Unis.

Le droit d'entrée est perçu à la nuance, suivant l'échelle des types Page 78. hollandais. Tout le monde connaît, aujourd'hui, les défauts de ce système, qui n'a produit nulle part des abus aussi graves qu'en Amérique.

Le droit varie de 24.97 à 57 fr. par 100 kil., suivant la classe à laquelle appartiennent les sucres ; mais nous n'aurons guère à nous occuper des nuances supérieures, dont l'importation est presque nulle parce que le droit est trop élevé par rapport à celui qui frappe les sortes inférieures. Cette anomalie du tarif des douanes empêche les sucres étrangers d'entrer directement dans la consommation américaine, et constitue ainsi une protection pour la raffinerie nationale.

Celle-ci a d'autres avantages dont nous devons nous occuper parce qu'ils exercent une influence directe sur les marchés européens. Nous voulons surtout parler des drawbacks.

En 1877, le gouvernement a diminué ces drawbacks en portant celui des pains et des raffinés en morceaux de 3 cents 60 la livre à 3 cents 18, celui des raffinés au-dessus du type n° 20 de 3 à 2 58, et enfin celui des autres sucres raffinés de 2 50 à 2 08.

Ces taux laissent encore une marge suffisante à l'exportation. La commission des experts de New-York, chargée de déterminer les rendements des sucres bruts en raffiné, avait indiqué, pour l'exportation des pains, le chiffre de 3 cents, soit une différence de 0,18 par livre de sucre raffiné exporté. M. Lemarié, délégué à l'Exposition de Philadelphie en 1877, a consacré, dans son rapport sur l'industrie des sucres aux Etats-Unis, une notice aux raffineries de New-York qu'il a visitées. Il déclare que la manière dont le droit est appliqué, en se basant sur la nuance du sucre et non sur sa richesse saccharine réelle, laisse une grande marge aux raffineurs américains ; en faisant, dit-il, l'abandon d'une partie du bénéfice que leur donne le drawback sur le sucre destiné à l'exportation, ils peuvent aisément faire aux sucres français une concurrence redoutable sur les marchés de l'Angleterre.

Les sucres des nuances inférieures offrent la plus grande marge aux raffineurs. Aussi l'importation comprend-t-elle environ 50 0/0 de sucres au-dessous du type n° 7, 40 0/0 de sucres 7-10, et seulement 10 0/0 de sucres au-dessus du n° 10.

Une pétition des raffineurs allemands, du mois de mai 1877, chiffre comme suit la prime du raffineur américain :

« Le sucre n° 7-11, qui paye un droit par quintal de doll. 2 50, rend :

« 1° 55 lb. raffiné en pain, sur lequel le drawback
    remboursé est de...................... Doll. 1 98
« 2° 30 lb. sucre blanc correspondant à un droit de. 0 84
« 3° 10 lb. mélasse........................ 0 06
                                                              ——
« Total.................. 2 88

« Soit une prime, par quintal de sucre brut travaillé, de doll. 0 38.
« Comme la majeure partie du sucre consommé dans l'intérieur est du
« *coffee-suggar*, le raffineur peut exporter le sucre en pain avec une
« prime d'environ doll. 0,69 par 100 livres (8 fr. par 100 kil.) »

L'importance de cette prime explique les efforts du raffineur américain pour se procurer des sucres de basse nuance et ayant une grande
richesse saccharine. La coloration artificielle a joué, pendant quelque
temps, un grand rôle et lui a procuré une prime considérable. Les
sucres de betterave français et allemands, d'une richesse de 96 à
98 degrés, ont été importés en Amérique, en 1876, au droit du sucre de
la nuance des types 7 à 10, peut-être même au droit du sucre au-
dessous du type n° 7.

Le Gouvernement s'est inquiété de ces faits. Des ordres sévères
ont été transmis aux bureaux des douanes. Une ordonnance du ministre
des finances, du 20 août 1877, a prescrit de débarrasser les échantillons
de sucre de leur couleur artificielle et de les classer suivant leur nuance
naturelle.

Par sa circulaire du 19 juillet 1879, le secrétaire des finances a
décidé que « tous les sucres contenant 90 % et pas plus de 94 % de
sucre cristallisable et dont la couleur apparente n'est pas au-dessus
du n° 7, type hollandais, doivent être classés comme au-dessus du n° 7
et pas au-dessus du n° 10, type hollandais. Tous les sucres contenant
plus de 94 % de sucre cristallisable, dont la couleur apparente n'est
pas au-dessus du n° 10, seront classés comme au-dessus du n° 13,
type hollandais. »

Aucune limite de polarisation n'est fixée pour les sucres 10 à 13.

D'après cette circulaire, la polarisation des sucres au-dessous
de 7 doit être inférieure à 90 % et celle des sucres 7 à 10 doit être
inférieure à 94 %.

Étant donné ces bases, le raffineur américain prendra un sucre pola-
risant vers 98° et rendant 95° environ. Par l'introduction de matières
insolubles, il pourra faire baisser la polarisation jusqu'à 89°, et le
rendement, baissant d'autant, sera de 86°. Il aura donc un sucre qui
pourra être classé au-dessous de 7, selon les conditions de la circulaire puisqu'il polarisera moins de 90 %.

Le même sucre, pour être ramené au type 7 à 10 ne sera baissé
que de 5 %; il polarisera donc 93 % et rendra 90°.

Pour le sucre de 10 à 13, comme il n'y a pas de limite maximum
de polarisation, le raffineur surveillera seulement la nuance, sans faire
ajouter de matières insolubles.

En comparant ces rendements ainsi obtenus aux rendements correspondant au drawback de 3 cents 18 par livre, ou fr. : 36,34 par
100 kilog. pour chaque sorte, on peut dresser le tableau suivant des
primes américaines :

DROITS, RENDEMENTS ET PRIMES	SUCRE au-dessous de 7	SUCRE de 7 à 10	SUCRE de 10 à 13
	Cents	Cents	Cents
Droit payé à l'importation, par livre... ...	2. 1,825	2. 50	2. 8,125
Drawback remboursé à l'exportation du raffiné, par livre........	3. 18	3. 18	3. 18
	Degrés	Degrés	Degrés
Polarisation maximum fixée par la circulaire.	90. 0	94. 0	00. 0
Polarisation du sucre importé par le raffineur.........................	89. 0	93. 0	98. 0
Rendement obtenu par le raffineur...	86. 0	90. 0	95. 0
Rendement correspondant au drawback, d'après le droit payé...................	68. 8	78. 6	88. 4
Prime en degrés de rendement	17. 2	11. 4	6. 6
	fr. c.	fr. c.	fr. c.
Valeur de la prime pour 100 kil. de sucre brut............................	6. 25	4. 15	2. 40
Valeur de la prime pour 100 kil. de sucre raffiné exporté.....................	7. 25	4. 60	2. 50

Ces valeurs sont calculées sur le montant du drawback à 36 fr. 34 c. par 100 kil.

Sur ces primes, il est juste de tenir compte des frais de mélange des matières insolubles, lesquels pourtant ne sont pas très élevés. De même, pour le sucre livré à la consommation, le raffineur perd le droit sur le poids des matières insolubles ajoutées.

Avant la circulaire du 19 juillet 1879, quand il n'y avait aucune limite maximum de polarisation, les primes se calculaient comme ci-dessus, mais sans compter de matières insolubles ajoutées qui étaient inutiles, la polarisation n'ayant pas besoin d'être baissée. Les primes en degrés de rendement étaient de 26°2 pour le sucre au dessous de 7, 16°4 pour le sucre de 7 à 10, et 6°6 pour les sucres de 10 à 13. La valeur en francs, d'après la valeur correspondante du drawback de fr. 36,34 par 100 kilog., était de :

Fr. 9.50 par 100 kilog., pour le sucre au-dessous de   7
    5.95   ...   —   7 à 10
    2.30   —   10 à 13

et pour 100 kilog. de sucre raffiné exporté, la valeur était :

Fr. 10   pour raffiné extrait de sucre au-dessous de   7
    6.25   —   —   7 à 10
    2.50   —   10 à 13

La circulaire du 19 juillet a donc diminué les primes de 3 fr. 25 pour le sucre brut au-dessous de 7 et de 1 fr. 80 pour le sucre brut 7 à 10, et en plus, des frais de mélange des matières insolubles.

Une autre circulaire du 2 septembre dernier, a stipulé que « tout sucre importé dont la nuance apparente n'est pas au-dessus du n° 7 hollandais et qui contient plus de 93 °/₀ et pas plus de 97 °/₀ de sucre cristallisable dans 100 parties de substance sèche, sera classé au-dessus du n° 7 et pas au-dessus du n° 10, type hollandais. Tout sucre importé dont la nuance apparente n'est pas au-dessus du n° 10 hollandais, et qui contient plus de 97 °/₀ de sucre cristallisable dans 100 parties de substance sèche, sera classé au-dessus du n° 10 et pas au-dessus du n° 13 hollandais. Ces tant pour 100 de sucre dans la substance sèche sont considérés comme les équivalents pratiques de ceux spécifiés ci-dessus pour le sucre importé avant que l'eau soit évaporée. » ·

Donc, à présent, les sucres sont séchés à l'étuve avant que la polarisation soit faite, de façon à éviter « les résultats discordants provenant de l'évaporation plus ou moins grande de l'eau des échantillons. »

Cette nouvelle manière d'opérer, malgré sa rigueur apparente, ne change presque rien à l'état de choses antérieur. Les primes sont peut-être diminuées de 1 à 2 °/₀ au maximum.

Il ressort clairement de ces faits que les primes obtenues par les raffineurs sont encore considérables et que la concurrence des Etats-Unis sur les marchés européens est toujours à redouter, surtout pour la raffinerie française.

Nous devons ajouter que des pétitions et des projets de lois ont été présentés en 1878 et en 1879 pour obtenir la modification du tarif des droits, en imposant les sucres de basse nuance d'après le rendement net, soit au-dessous de 82°, de 82 à 87°, de 87 à 92°, et en n'accordant comme drawback que la restitution du droit payé.

*
* *

D'autres bonifications ont été obtenues par le raffineur, sans parler des fraudes commises avec le concours des employés de la régie chargés de prélever les échantillons ou d'opérer le pesage. On sait que pour les sucres moscovades, et même les centrifuges, qui séjournent quelque temps sans être déplacés, la mélasse qu'ils contiennent descend à la partie inférieure des fûts ou des barils ; les échantillons prélevés dans cette partie ne correspondent donc pas avec le restant du chargement. Il y a eu probablement de ce chef des fraudes, car le receveur des douanes, M. E.-A. Meritt, prescrivit, en octobre 1878, que le prélèvement des échantillons ne pourrait plus avoir lieu que sous le contrôle personnel, soit d'un inspecteur, d'un chef de dépôt ou d'un autre employé des douanes.

La mélasse ne paye qu'un droit d'importation de 6 1/4 cents par gallon.

Le raffineur en tire des vergeoises et puis du raffiné, qu'il exporte avec un drawback de 2,08 à 3,18 par livre. Des milliers de tonneaux de vergeoises sont raffinés chaque année et exportés avec le remboursement d'un droit qui n'a pas été payé.

Il y a encore la fraude des glucoses, pour lesquelles il n'y a pas d'indications précises. Cet article entre en franchise ; son mélange avec des sucres qui sont exportés, permet d'obtenir le remboursement du même droit que celui des sucres. Les analyses de MM. Chamberlain et Ayre, faites dans le laboratoire du collège de Columbo, sous la direction de M. Chandler, professeur, ont prouvé que certains échantillons, prélevés dans le port de Boston, par M. Merritt, contenaient jusqu'à 40 °/₀ de glucoses. L'importation des glucoses est évaluée, pour 1875, à une valeur de 2,352 dollars, pour 1876, à 65,789 dollars, et pour 1877 à 233,366 dollars.

*
* *

Les raffineurs américains ont protesté énergiquement contre les fraudes ou détournements d'impôts qui leur étaient reprochés dans les termes les moins mesurés par une presse qui pousse la liberté jusqu'à la licence.

Ce qui est certain, cependant, c'est que le Trésor est loin de recevoir sur les sucres les droits qu'il devrait encaisser. Le *Boston daily Globe* publiait, le 28 août 1878, un article dont nous extrayons les passages suivants :

« Si l'impôt sur les sucres était perçu régulièrement, il devrait

« produire 40 millions de dollars. Pendant les trois exercices 1876,
« 1877 et 1878, finissant au 1er juin, le déficit s'est élevé entre 19 et
« 20 millions de dollars.

« Pendant le dernier exercice, l'importation comprenait :

		Dollars
47 % de sucre au-dessous du n° 7, ayant acquitté un droit de		16.000.000
43 % de sucre au-dessous du n° 10, droit de. .		15.000.000
10 % — au-dessus du n° 10, — . .		3.000.000
	Total, ...	34.000.000

« tandis que le revenu, d'après les déclarations des importateurs,
« courtiers et raffineurs, aurait dû s'élever :

			Dollars
« Pour sucre au-dessous du n° 7, à proportion	28.57 %	10.000.000
— — 10,	—	42.85	17.000.000
— au-dessus du n° 10,	—	28.58	13.000.000
		Total.	40.000.000

« ce qui fait une différence de 6 millions de dollars par an.

« Les partisans de l'élévation des droits à 4 1/2 cents par livre,
« prétendent, qu'avec cette importation, l'Etat aurait dû retirer
« 42,500,000 dollars, soit 8 millions 1/2 de plus que l'année précé-
« dente. L'importation dans les quatre principaux ports a été, en 1877,
« de 677,314 tonnes (à 2,240 lb.), soit 1,517.183,360 livres de sucre, qui,
« au droit le plus bas de 1 3/4 cents avec augmentation de 25 %, aurait
« dû produire 33,188,386 dollars, tandis que, on l'a vu par les chiffres
« ci-dessus, plus de la moitié des sucres ont acquitté un droit plus
« élevé. Ces chiffres prouvent que, non-seulement les sucres ont
« été taxés au-dessous de leur valeur, mais encore que l'Etat a été
« trompé sur le poids réel des sucres importés. »

Conclusion

Nous avons essayé, dans ce qui précède, de nous rendre compte
des primes qui existent dans chaque pays. Les documents manquent
de précision pour les évaluer d'une manière mathématique ; on ne
peut faire que des calculs approximatifs.

Il est incontestable que tous les pays producteurs de sucre de
betterave, ainsi que l'Italie et les Etats-Unis d'Amérique, font des
sacrifices en faveur de leur industrie. C'est une affaire de réciprocité en
quelque sorte : un pays offre des primes parce que le voisin en offre.
Il n'y a qu'une entente sur le terrain de l'abolition complète des primes
qui pourra modifier une tendance aussi regrettable.

Nous ne saurions avoir la prétention d'indiquer les voies et moyens
pour arriver à ce résultat désirable pour tout le monde. Notre but
est de grouper ensemble les principaux éléments d'une question
fort complexe. Voilà pourquoi nous allons d'abord rappeler sommai-
rement ce qui a déjà été fait dans le sens d'un arrangement international, montrer ensuite la situation actuelle, surtout celle de la
France, et indiquer enfin quelques mesures urgentes à prendre dans
l'intérêt d'une industrie dont la disparition aurait une influence considérable sur la richesse du pays.

Influence de la législation des Sucres sur la production

Les immenses avantages résultant de la fabrication du sucre indigène pour la prospérité du pays et le bien-être général de ses habitants, ont été compris par les divers gouvernements européens dès la naissance de cette industrie. De là les encouragements de toutes sortes dont elle a été constamment l'objet : affranchissemnt d'impôt à l'intérieur, primes à l'exportation, crédits, etc.

Pendant les premières années, que nous pouvons appeler la première période de l'industrie des sucres de betterave, ces encouragements n'ont produit aucun effet fâcheux pour l'industrie similaire travaillant les produits de la canne. Il n'y avait pas de lutte entre les deux industries, parce que le sucre européen provoquait un accroissement rapide de la consommation, que les colonies n'auraient pu satisfaire avec leurs récoltes limitées et leur outillage imparfait.

Mais cette protection aurait dû disparaître le jour où l'industrie betteravière avait pris des racines assez puissantes dans le pays pour vivre de ses propres forces. Quoique la consommation ait rapidement augmenté, elle n'a pas tardé à être dépassée par la production, qui faisait des progrès énormes, appuyée qu'elle était et qu'elle est encore aujourd'hui par des primes déguisées, souvent considérables. Les besoins de la consommation étant ainsi plus que comblés, il en est résulté, de temps à autre, un encombrement ayant pour conséquence une dépréciation générale du prix des sucres.

Les encouragements avaient leur raison d'être pendant un certain nombre d'années, où tout n'était qu'essais et tâtonnements; mais à présent que cette industrie travaille avec un matériel des plus perfectionnés et jouit d'une prospérité incontestable, les primes ne devraient plus exister; elles sont, comme les anciens tarifs de douane, des restes du système protecteur, en contradiction absolue avec l'esprit économique de notre époque et avec les véritables intérêts du pays.

Elles créent une concurrence exagérée sur la matière première, dont le prix s'élève ainsi au-dessus de sa valeur réelle. Elles sont contraires aux intérêts de l'industrie qui en profite.

Les primes sont aujourd'hui plus nuisibles qu'utiles. Abstraction faite de la perte qu'elles constituent pour l'Etat, elles sont une arme qui, tôt ou tard, tournera contre l'industrie betteravière, en faveur de laquelle on les maintient. Pendant longtemps, l'industriel n'a modifié ses procédés de travail qu'en vue d'obtenir une part des avantages accordés à certains sucres; jusqu'à ces dernières années, il n'a pas cherché à produire le sucre le plus pur, mais celui qui pouvait rentrer le mieux dans la catégorie favorisée par le fisc, soit comme nuance, soit comme richesse saccharine. Le fabricant, en un mot, a marché contre le progrès.

C'est aux primes qu'il faut attribuer l'exagération de la production du sucre et l'avilissement des prix qui en est résulté. Habituée au régime de la protection et se figurant, par conséquent, ne pouvoir vivre de ses propres forces, l'industrie betteravière demandera des secours à l'État à chaque crise. Cette situation deviendra insoutenable pour les pays qui l'ont créée, et qui ont trop longtemps conservé un système complétement en désaccord avec les principes de l'économie politique.

Le jour viendra où les Gouvernements, fatigués de faire des sacrifices au détriment de la masse des contribuables, seront obligés d'abandonner la sucrerie indigène à son propre sort. C'est alors que la lutte, circonscrite sur le terrain de la concurrence basée sur le progrès industriel, prendra spontanément un caractère sérieux; une crise formidable s'en suivra, entraînant la ruine de centaines d'industriels, jusqu'au moment où le cours naturel des choses aura détruit la situation factice d'aujourd'hui, et rétabli la balance entre la production et la consommation.

Production, Mouvement et Consommation du Sucre

Jusqu'en 1860, la production du sucre de betterave n'a pas dépassé, en Europe, 500,000 tonnes ou 500 millions de kilog. Restée stationnaire entre 600 et 650,000 tonnes pendant les campagnes 1861-62 à Page 87. 1868-69, elle s'est ensuite élevée progressivement, pendant les dix années suivantes, au chiffre de 1 million 1/2 de tonnes, où nous la voyons aujourd'hui.

Le tableau ci-après indique la production dans tous les pays d'Europe pendant les cinq dernières campagnes :

France	tonnes	432.600
Allemagne	—	420.680
Autriche-Hongrie	—	403.900
Russie	—	215.000
Belgique	—	69.920
Pays-Bas	—	25.000
Suède, Norvège, Italie	—	5.000
Total en 1878-79	tonnes	1.574.100
— 1877-78	—	1.420.500
— 1876-77	—	1.101.185
— 1875-76	—	1.372.420
— 1874-75	—	1.187.040

Les résultats de 1879-80 sont beaucoup moins satisfaisants, la récolte ayant été mauvaise. Le déficit dépassera 200,000 tonnes.

Abstraction faite de cette dernière campagne, qui est une exception, la production a doublé depuis dix ans; mais elle n'a pas suivi partout la même progression. Elle est restée stationnaire en France depuis cinq ans, tandis qu'elle a augmenté de moitié en Allemagne et du double en Autriche-Hongrie. Il y a également un grand accroissement en Russie; la Belgique et les Pays-Bas ont fait des progrès beaucoup plus lents.

Ces résultats prouvent l'état de malaise de l'industrie sucrière dans plusieurs pays, pendant que, dans d'autres, elle jouit d'une réelle prospérité.

***

Voici maintenant l'évaluation de la récolte du sucre de canne en P. 105 à 116. 1879, avec la comparaison des quatre années précédentes. Pour un certain nombre de pays, nous indiquons l'exportation, connue plus exactement que la production :

EUROPE

Espagne	(production)	tonnes	15.000

ASIE

Cochinchine française	(production)	tonnes	25.000	
Chine	(exportation)	—	25.000	
Japon	—	—	15.000	
Royaume de Siam	—	—	5.000	
Hindoustan ou Indes anglaises	(exportation)	—	25.000	
D° d°	(prod. consommée)	—	1.450.000	
				1.545.000
	A reporter	tonnes		1.560.000

AFRIQUE

				tonnes	1.560.000
Report......			tonnes	1.560.000	
Egypte	(production)............	tonnes	30.000		
Maurice...........	(exportation)............	—	135.000		
Mayotte, Nossi-Bé...	—	....	—	4.000	
Natal............	—	....	—	8.000	
La Réunion........	—	....	—	30.000	
Sainte-Marie-de-Mad.	—	....	—	3.500	
					210.500

AMÉRIQUE

A) *Antilles ou Indes occidentales*

Cuba...............	(production)..	tonnes	645.000	
Porto-Rico...........	(exportation).	—	90.000	
Jamaïque...........	—	—	20.000	
Haïti et îles Lucayes.	—	—	5.000	
				760.000

B) *Petites Antilles*

Guadeloupe........	(exportation).	tonnes	80.000	
Martinique..........	—	—	40.000	
La Trinité..........	—	—	57.000	
La Barbade........	—	—	51.000	
Antigua............	—	—	7.000	
Saint-Christophe ...	—	—	5.000	
Sainte-Lucie........	—	—	5.000	
Saint-Vincent.	—	—	6.000	
Divers............................	—	19.000		
				243.000

C) *Guyane*

Demerare-Berbice..	(exportation).	tonnes	95.000	
Surinam	—	—	9.500	
Cayenne..........	—	—	1.000	
				105.500

D) *Autres pays*

Brésil	(exportation).	tonnes	120.900	
Louisiane..........	—	—	105.000	
Pérou	—	—	85.000	
Mexique	—	—	30.000	
Canada.	—	—	5.000	
Californie..........	—	—	5.000	
Républ. argentine...	—	—	5.000	
				355.900
				1.464.400

OCÉANIE

Java	(exportation)..	tonnes	215.500	
Manille.....................	—	—	120.000	
Australie	—	—	20.000	
Iles Sandwich................	—	—	12.500	
Divers...........................	—	—	4.500	
				372.500

TOTAL GÉNÉRAL en 1878-79...........	tonnes	3.607.400
— — en 1877-78.............	—	3.450.000
— — en 1876-77.............	—	3.391.000
— — en 1875-76.............	—	3.345.000
— — en 1874-75.............	—	3.450.000

Les chiffres de 1879-80 seront inférieurs d'environ 150,000 tonnes et la récolte ne s'écartera pas beaucoup de celle d'il y a dix ans; la différence n'est guère plus sensible si nous remontons dix autres années plus haut. C'est que l'industrie du sucre dans les colonies est restée pour ainsi dire dans son état primitif. Les progrès industriels sont à peine connus du planteur; il retire généralement 5 à 6 % de sucre de la canne, qui en contient 15 à 20 %, alors que le fabricant européen extrait jusqu'à 10 % de la betterave, presque le maximum. Et le sucre qu'il produit ne mérite pas toujours ce nom: c'est souvent un mélange impur, impropre à la consommation, occasionnant des frais élevés de transport et perdant au raffinage la moitié de son poids en déchets.

Il est vrai que la législation des pays où le producteur écoule ce sucre, que ce soit sur le Continent ou en Amérique, ne l'encourage pas à faire de beaux sucres, auxquels les douanes opposent une barrière parfois infranchissable, par des tarifs prohibitifs ou des surtaxes exagérées.

**

D'après les deux tableaux qui précèdent, la production moyenne et annuelle du sucre peut être évaluée, en chiffres ronds, comme suit :

Sucre de betterave.	tonnes	1.500.000
Sucre de canne, d'érable, de sorgho, etc. . .	—	3.500.000
Total général.	tonnes	5.000.000

Le sucre d'érable, de sorgho, etc., n'entre pas pour plus de 100,000 tonnes dans ce total ; il n'est produit qu'en Amérique.

**

Le mouvement commercial s'établit sur un chiffre beaucoup plus élevé encore, car le sucre n'est pas consommé en totalité dans les pays qui le récoltent, ni consommé toujours à l'état brut dans lequel il est tiré de la betterave ou de la canne.

L'approvisionnement des raffineries provoque un commerce très étendu ; la vente des pains, des pilés, des vergeoises, des tablettes ou des cubes, constitue, en outre, un des éléments les plus appréciés du trafic national et international.

L'Europe, non compris le Royaume-Uni, consomme les neuf dixièmes Page 39. de sa production ; le reste est expédié dans les pays qui ne récoltent pas de sucre ou qui en consomment plus qu'ils n'en récoltent.

**

La France récolte en année normale. . . .	tonnes	425.000
Les colonies françaises et l'étranger fournissent	—	150.000
Total.	tonnes	575.000
La consommation ne dépasse pas.	—	275.000
Il reste pour l'exportation.	tonnes	300.000

Cette exportation a lieu pour les deux tiers environ en raffinés et un tiers en brut.

L'exportation moyenne des raffinés, pendant les dix années 1869 Page 92. à 1878, a été de 146,430 tonnes, équivalant à 183,000 tonnes de sucre brut. Le maximum a été atteint en 1875, avec 214,100 tonnes ; le minimum a été de 79.666 tonnes pendant l'année de la guerre, en 1871. En 1879, l'exportation a subi une nouvelle diminution, car elle est tombée à 144,058 tonnes contre 166,937 tonnes l'année précédente.

L'Angleterre a reçu, pendant les cinq dernières années, en moyenne, Page 92. 80,000 tonnes de raffiné par an, la moitié à peu près de l'exportation totale. Viennent ensuite, par ordre d'importance, la Suisse, la Turquie, l'Algérie, le Chili, la Russie, l'Allemagne, etc...

L'exportation du sucre brut est arrivée à son maximum en 1874, avec Page 91. 111,247 tonnes ; l'année suivante, elle n'était que de 92,422 tonnes, et elle est ensuite descendue, pendant les trois années suivantes, au-dessous d'une moyenne de 50.000 tonnes. C'est l'Angleterre qui reçoit la majeure partie de ces sucres ; un cinquième, environ, est expédié en Belgique et en Italie.

La Belgique, sur une production moyenne de 70,000 tonnes, exporte Page 95.
60,000 tonnes de sucre de betterave par an. Les pays voisins lui envoient, par contre, une certaine quantité de sucre. Ses raffineries travaillent aussi des sucres de canne; elles exportent annuellement de
5 à 6,000 tonnes de sucres candis, et 8 à 10,000 tonnes d'autres raffinés.

La Hollande, qui n'a qu'une production réduite, tirait jadis de ses Page 95.
riches colonies de Java et Sumatra, entre 80 à 100,000 tonnes de sucre
de canne; elle n'en obtient plus qu'environ 50,000; le Continent lui
fournit, en outre, 100,000 tonnes de sucre de betterave. Elle réexporte
environ 20,000 tonnes de sucre colonial ou indigène, et 65 à 70,000
tonnes de sucre raffiné. Son exportation de raffinés dépassait 100,000
tonnes en 1871; elle n'a cessé de diminuer depuis lors, et ne se montait
plus qu'à 64,646 tonnes en 1878, pour se relever de nouveau, en 1879,
à 68,796 tonnes.

L'Angleterre reçoit plus de la moitié des raffinés hollandais; l'autre
moitié est expédiée en Italie, en Suède et Norvége, en Suisse, en Allemagne, etc.

L'Allemagne exporte surtout des sucres bruts. L'exportation Page 98.
moyenne des cinq dernières campagnes est de 75,000 tonnes; en
1878-79, elle a atteint en sucres bruts et raffinés, 140,000 tonnes, dont
la presque totalité a été livrée à l'Angleterre. L'importation a été de
9,500 tonnes.

Pour l'Autriche-Hongrie, le calcul des moyennes ne donnerait pas Page 99.
une idée suffisante de son exportation, qui a suivi une progression
très rapide et constante pendant les dix dernières années. L'exportation
des raffinés s'est élevée à 80,547 tonnes en 1878-79, celle des bruts
indigènes à 108.834 tonnes, ce qui correspond à un total en sucre brut
de 210,000 tonnes.

La Russie ne compte qu'en certaines années de grande production Page 100.
comme pays exportateur. La France et les Pays-Bas lui envoient,
chaque année, un appoint de 5 à 10,000 tonnes de sucre raffiné.

L'Italie n'est plus tributaire des pays voisins que pour le tiers en- Page 101.
viron de sa consommation de raffinés : la France, les Pays-Bas et
l'Autriche-Hongrie se disputent, sur son marché, le placement annuel
d'environ 25,000 tonnes. Gênes fournit l'appoint pour sa consommation,
qui est de 80,000 tonnes. Sa raffinerie importe entre 55 et 60,000 tonnes
de sucre brut d'Autriche, d'Allemagne et de France; elle achète, également, des sucres d'Egypte, de Java et autres colonies.

La Grande-Bretagne, qui ne produit pas de sucre, en consomme Page 93.
900,000 tonnes venant de toutes les contrées. Le Continent y trouve
la vente des excédants qui se produisent tous les ans, soit dans un
pays, soit dans l'autre, et même dans tous à la fois.

Les deux tiers des sucres raffinés importés viennent de la France,
un sixième des Pays-Bas, et le restant de la Belgique et de l'Allemagne. Depuis quelques années, la raffinerie des Etats-Unis est entrée
en lutte avec le Continent sur le marché anglais; elle expédie surtout
des sucres en cristaux et en morceaux dits *cubes*.

Pour son approvisionnement en sucre de canne, la Guyane anglaise occupe, depuis quelques années, la première place; Java et les îles Philippines viennent ensuite, puis le Brésil, le Pérou, les Indes et les Antilles anglaises, la Chine, etc.

L'Allemagne et l'Autriche expédient chacune, séparément, plus d sucres bruts en Angleterre que la France.

L'exportation des raffinés d'Angleterre dépasse 50,000 tonnes, dirigés sur le Canada, les possessions anglaises de l'Asie, sur l'Italie, le Danemark, etc.

Les États-Unis s'approvisionnent aux mêmes sources que la Grande-Bretagne, excepté sur le Continent, qui n'a pu, jusqu'ici, exporter en Amérique que des quantités peu importantes. Après la Louisiane et le Brésil, c'est Cuba qui alimente surtout la raffinerie du Nouveau-Monde. En 1850 il n'y avait que 23 raffineries; en 1860 on en comptait 41 et, en 1870, 40. Le nombre des établissements est encore le même à peu près en 1879, mais la production de plusieurs a été considérablement augmentée, et quelques-uns sont outillés pour un travail plus important que celui des plus grandes raffineries de Paris.

Page 101.

La consommation du sucre est assez difficile à établir d'une manière très exacte. Le tableau suivant indique la consommation moyenne des principaux pays :

PAYS	TONNES	KILOG. PAR TÊTE
Grande-Bretagne	900.000	29.350
France	265.000	7.350
Allemagne	280.000	6.500
Russie	230.000	3.090
Autriche-Hongrie	200.000	5.550
Italie	90.000	3.250
Espagne	50.000	3.030
Pays-Bas	30.000	8.400
Suède	36.000	8.800
Norwége	10.000	5.550
Turquie	25.000	1.080
Belgique	35.000	6.500
Portugal	20.000	3.400
Danemark	12.000	6.150
Suisse	25.000	9.900
Grèce	5.000	3.400
Total en Europe...	2.233.000	7.390
États-Unis du Nord	800.000	16.800

A ces chiffres, on peut ajouter la consommation approximative des pays ci-après :

Californie (Amérique)	tonnes	50.000
Canada (Amérique)	—	60.000
Autres possessions anglaises ne produisant pas assez de sucre pour leurs besoins	—	150.000
La Plata, le Chili (1), Buenos-Ayres et divers Etats de l'Amérique	—	40.000
Ensemble	tonnes	300.000

---

(1) La consommation de ce pays est évaluée à 16,000 tonnes.

En comptant, pour les Indes anglaises, une consommation égale à Page 111. la production moins l'exportation, soit 1,450,000 tonnes, on obtient un total, en chiffres ronds, de 4 millions 790,000 tonnes, ce qui laisse, sur une production évaluée à 5 millions de tonnes, une différence de 210,000 tonnes pour la consommation des différents pays non compris dans le statistique précédente, tels que la Turquie d'Asie, la Serbie, l'Algérie, le Maroc, l'Australie, etc.

La Grande-Bretagne tient le premier rang avec une consommation Page 93. totale de 900,000 tonnes et une moyenne de 29 kil. 350 par tête et par année. Ajoutons de suite que ce pays est le seul de tous ceux que nous indiquons où il n'y ait plus ni impôt ni droit d'entrée sur le sucre (1).

Les Etats-Unis du Nord viennent ensuite avec une consommation Page 102. de 800,000 tonnes. Ces deux pays absorbent près de la moitié de la production générale, avec une population qui n'atteint pas le dixième de la population totale sur laquelle se répartit le chiffre de la consommation.

La plupart des autres pays ont un coefficient inférieur du tiers au sixième; cela indique le chemin qui leur reste à faire pour arriver au même résultat que la Grande-Bretagne et l'Amérique. Dans certaines îles de l'Océanie, le sucre a une plus grande part encore dans l'alimentation publique et le coefficient de consommation est beaucoup plus considérable. Dans l'Australie (Queensland) la consommation est évaluée à 42 kilog. par an et par tête, dans l'île Victoria à 44 kilog., et dans la Nouvelle-Galle du Sud, à plus de 45 kil.

---

(1) Il faut, toutefois, observer que le sucre employé dans la brasserie paie encore un droit, qui est de 7 sh. 6 d. par cwt. (18 fr. 4 c. par 100 kil.).

La Question des Sucres au point de vue international

La convention du 8 novembre 1864 entre la France, la Grande-Bretagne, la Belgique et les Pays-Bas, a été le premier essai fait en vue d'une entente internationale.

Les quatre pays contractants se trouvaient seuls, à cette époque, en concurrence sur le marché des sucres.

L'Allemagne et l'Autriche consommaient à peu près toute leur production ; la raffinerie italienne n'était pas née, et celle des Etats-Unis ne cherchait pas encore à approvisionner l'Europe.

Les négociations relatives à la convention de 1864 ont été très laborieuses ; il a fallu les expériences de Cologne pour déterminer les rendements du sucre brut en raffiné. C'était le régime des types, et la valeur du sucre était déterminée uniquement d'après la nuance, procédé qui a fait place à l'analyse dans plusieurs pays et devra être abandonné dans ceux où il existe encore.

L'analyse a apporté une nouvelle difficulté dans la question des sucres ; mais elle aura peut-être contribué, par contre, à un rapprochement vers le système du droit unique, qui devra être appliqué plus tard.

La convention de 1864 a pris fin, après plusieurs prorogations, le 30 avril 1876.

Elle a exercé, pendant onze années, une grande influence sur l'industrie du sucre de betterave en Europe, tant dans les pays contractants que dans les pays non liés.

**

Avec le développement exagéré de la production dans certains pays, il faudrait, aujourd'hui, comprendre dans un arrangement de ce genre l'Allemagne, l'Autriche-Hongrie, l'Italie et les Etats-Unis du Nord.

Les dispositions pour une entente internationale paraissent favorables en ce moment. Elles doivent être mises à profit. La question est mûre, il faut la résoudre.

Il n'y aurait aucune chance de réussite, s'il fallait obtenir des Etats contractants la modification de leur base d'impôt. Une telle réforme, en la supposant possible, passerait par une longue période d'essais et de tâtonnements qui auraient des inconvénients plus nombreux que ceux résultant des régimes différents appliqués aujourd'hui.

Il s'agit, pour chaque Etat, de prendre des mesures afin d'assurer la perception intégrale des droits qu'il entend demander au sucre consommé à l'intérieur, sans lui permettre d'accorder une prime, ni directe ni indirecte au sucre exporté. Donc liberté pour tous de conserver le régime intérieur en vigueur ou d'adopter tel autre régime à leur choix.

En France, les raffineurs sont d'accord avec les fabricants pour faciliter une entente sur la base du raffinage en entrepôt.

La Belgique, qui avait accepté la convention de 1875, n'a aucune objection à présenter pour la reprise des négociations ; la difficulté d'écouler ses sucres bruts et la diminution de son exportation de raffinés, l'engagent à chercher la solution dans la même voie.

6

La Hollande, songeant à son commerce colonial, jadis florissant, ne soulèverait sans doute plus les mêmes objections qui firent échouer la susdite convention. L'abolition de l'impôt placerait la Hollande dans la situation la plus favorable au développement de son industrie et de son commerce.

L'Allemagne et l'Autriche-Hongrie ont refusé d'envoyer des délégués à la conférence internationale de 1877. L'idée de renoncer aux avantages de leur isolement ne sourit guère à ces pays, mais la menace d'une surtaxe qui frapperait leurs sucres à l'entrée dans un des pays contractants pourrait les décider. Leur intérêt est, d'ailleurs, de supprimer quand même les primes, et cette tendance s'est manifestée à plusieurs reprises, plus particulièrement en Autriche-Hongrie.

Le 30 juin 1877, la commission de répartition (*Ausgleich*) d'Autriche-Hongrie, s'inspirant de l'inégalité de traitement qui résulte pour la Hongrie du régime des sucres, a accepté une proposition délibérée par une commission spéciale et concluant en faveur d'une réforme de l'impôt sur le sucre. La commission demandait que le gouvernement fût mis en demeure de présenter un projet de loi à ce sujet.

La Russie écouterait probablement des propositions. Le gouvernement est disposé, en tout cas, à supprimer les primes, et il a l'intention, d'après ce que l'on nous écrit, d'augmenter, pour la campagne prochaine, de 25 % la capacité de travail des diffuseurs, et de 75 % le rendement des presses. Dernièrement, en janvier 1880, les journaux spéciaux ont annoncé que l'impôt allait être augmenté de 70 à 75 %.

En Italie, la question ne se complique pas, comme ailleurs, par des considérations économiques, car il n'y a que deux ou trois sucreries et une seule raffinerie. Le Gouvernement a montré, par la loi votée en juin, qu'il entend demander au sucre une part contributive assez large des charges du pays; sans renoncer à la protection de l'industrie nationale, il n'est pas décidé à sacrifier les relations commerciales nouées avec les pays voisins, par des priviléges exagérés accordés à un petit nombre d'intéressés. M. Luzzatti, dans son rapport sur la réforme des droits sur les sucres, proposait un ordre du jour invitant le Ministre à entamer des négociations avec les Gouvernements étrangers intéressés à la fabrication du sucre brut et raffiné, afin de déterminer, d'un commun accord, les moyens qui empêcheront la restitution des droits de sortie de constituer des primes. Cette proposition fait prévoir que les ouvertures d'un arrangement international ne trouveraient aucune résistance de la part de l'Italie.

Aux États-Unis, les primes ne profitent qu'à un très-petit nombre de raffineurs, important directement les sucres bruts. La suppression des primes serait facile à obtenir par le changement d'un régime dont les défauts sont reconnus; mais il est à craindre que la voie protectionniste dans laquelle ce pays marche apporte des difficultés sérieuses dans la solution de la question.

*

Depuis le rejet de la convention de 1877 par la seconde Chambre des Etats-Généraux des Pays-Bas, l'opinion publique a été tenue en haleine sur la question des sucres par la raffinerie anglaise. Des meetings ont été tenus, des délégations d'ouvriers ont été envoyées au ministre des finances, en France. Page 119.

M. G. Martineau, raffineur à Londres, secrétaire de l'Association des raffineurs anglais, s'est fait le champion de ce mouvement. Au nom du groupe qu'il représentait, il émit, le 21 avril 1879, auprès de lord Salisbury, le vœu de voir renouer des pourparlers, sur la base du raffinage en entrepôt, avec les anciens signataires de la convention de 1864.

La Chambre des Communes, saisie de la question par M. Ritchie, a nommé, le 22 avril, une commission d'enquête, chargée de *l'étude de la question internationale des sucres, et des voies et moyens pour faire cesser les abus actuels.*

Cette commission a tenu, le jeudi 12 juin, une première séance. Elle a entendu M. Martineau, qui a exposé, comme le dictait son rôle, la situation précaire de la raffinerie anglaise, oubliant d'indiquer que lui, raffineur anglais, a augmenté, en 1879, sa production de pains, tandis que ses concurrents français, dont il a fait ressortir la prospérité, ont diminué leur travail, depuis un an, dans une proportion très appréciable.

En supposant que la commission conclut en faveur d'une surtaxe imposée aux sucres des pays non contractants importés en Angleterre, il est peu probable que la Chambre acceptera une proposition que le gouvernement ne paraît pas disposé à soutenir, après les paroles suivantes prononcées au Parlement, le 3 avril 1879, par le chancelier anglais :

« Si nous mettons un droit sur un produit de consommation, même « pour un certain temps, par exemple un ou deux ans, nous boule- « versons le commerce et provoquons une agitation contraire, qui « occasionnera beaucoup d'inquiétude, sans que ces mesures aient « aucun avantage appréciable. »

Voilà donc où en est la question. La commission s'est prorogée après avoir tenu un grand nombre de séances et écouté les dépositions de délégués français qui représentaient en même temps les fabricants et les raffineurs français, unis cette fois sur le terrain de la défense des intérêts communs.

La sucrerie indigène; la raffinerie française
et la raffinerie étrangère

Pendant la campagne 1878-79, les 501 fabriques de sucre en activité en France, ont produit :

Sucre brut au-dessous du type n° 7	tonnes	41.090	ou 10 %
— — des types n° 7 à 9	—	89.625	— 23 »
— — — 12 à 13	—	79.262	— 20 »
— — — 13 et 14	—	8.275	— 2 »
— — — 15 à 18	—	13.363	— 3 »
— — — 19 et 20	—	»	— »
— blanc au-dessus du type n° 20	—	163.048	— 41 »
— raffiné en pains	—	2.503	} 1 »
— — candi	—	874	

Total, quantité effective...... tonnes 398.040 ou %

En ramenant la production en sucre au-dessous du n° 13, et tenant compte des excédants, on arrive, pour la campagne entière, à une production totale de 432,636 tonnes. Page 89.

La production effective est de 55 % de sucres bruts au-dessous du type n° 20, et 41 % de poudres blanches et de raffinés ; une faible quantité de sucre blanc extra est consommée directement par la distillerie, la confiserie et la chocolaterie.

Si nous nous basons sur une récolte moyenne de 425 millions de kilogr. et en calculant sur une exportation moyenne, en sucre brut, de 75,000 tonnes, il reste environ 350,000 tonnes de sucre brut indigène qui passent à la raffinerie française, laquelle reçoit, en outre, chaque année, de 100 à 150,000 tonnes de sucre brut des colonies françaises et de l'étranger. Le travail de la raffinerie porte ainsi sur 450 à 500,000 tonnes de sucre brut.

Il y a une vingtaine de raffineries en France, dont six dans Paris et une dans le département de la Seine, deux au Havre, deux à Marseille, quatre à Bordeaux, deux à Nantes et deux à Lille. Plusieurs fabriquent des candis, mais les dix-neuf vingtièmes de la fabrication consistent en pains. A Paris, seulement, les raffineries ont de l'importance ; les douze usines des départements ne comptent que pour un quart dans la totalité de la production.

Déduction faite du sucre raffiné consommé à l'intérieur, il reste à la raffinerie un excédant de 175,000 à 200,000 tonnes, dont elle a trouvé, jusqu'à ce jour, un débouché assez facile à l'exportation.

L'antagonisme entre les fabricants de sucre indigène et les raffineurs français est né de la prétendue concurrence que cette exportation de raffinés a pu faire à l'exportation directe des sucres bruts. L'erreur des fabricants venait de leur conviction que les sucres raffinés expédiés en Angleterre, — principal débouché, — prenaient la place d'une quantité équivalente de sucre brut.

En comparant la progression suivie par la production et l'exportation pendant les dix dernières campagnes, nous trouvons les résultats ci-après :

FRANCE

PRODUCTION INDIGÈNE			EXPORTATION DE FRANCE		
Campagnes.	Tonnes.		Années.	Sucre brut. Tonnes.	Sucre raffiné. Tonnes.
1877-78.........	397.875		1878.....	46.260	166.140
1867-68.........	230.000		1877.....	28.074	82.002
Augmentation..	167.875			18.186	84.138
Ou	73 %			65 %	103 %

La production indigène a donc augmenté en dix ans de 73 %, l'exportation des sucres bruts de 65 %, celle des raffinés de 103 %.

Nous laissons de côté la campagne 1879-80, pendant laquelle l'exportation des sucres bruts sera presque nulle à cause du déficit de la récolte.

*⁎

Voici maintenant la progression de l'exportation de l'Allemagne et de l'Autriche-Hongrie, pendant la même période : Pages 98 et 99.

ALLEMAGNE			AUTRICHE-HONGRIE		
Année 1879......... tonnes	87.400		Campagne 1878-79.... tonnes	168.347
— 1868......... —	8.353		— 1867-68.... —	876
Augmentation....... —	79.047		Augmentation........ —	167.471

Tandis qu'en France l'exportation des sucres bruts a augmenté depuis dix ans de 65 % seulement, celle des raffinés a doublé. D'un autre côté, l'exportation de l'Allemagne a décuplé, et celle de l'Autriche est montée d'un chiffre insignifiant à 168,347 tonnes. Pages 98 et 99.

Nous aurions pu donner ici les chiffres de l'année 1879, qui accentuent davantage encore les indications que nous avons tenu à faire ressortir ; ces chiffres se trouvent dans les tableaux publiés plus loin. Page 92.

Les sucres raffinés n'ont donc pas pris la place des sucres bruts français ; mais grâce à leur supériorité, grâce aussi à quelques facilités accordées à l'exportation, ils ont pu supporter plus facilement que les bruts indigènes la concurrence redoutable des primes étrangères.

L'exportation des raffinés français est en voie de diminution depuis plusieurs années. De 214,100 tonnes en 1875, elle est tombée à 185,677 tonnes en 1876, et à 151,930 tonnes en 1877 ; la légère amélioration qui s'est produite en 1878 a été reperdue en 1879. — Le tableau ci-après indique les pays sur lesquels porte la diminution : Page 92.

PAYS		1875	1879	DIFFÉRENCE	
Grande-Bretagne .... tonnes		90.923	70.712	—	20.211
Italie......................	—	11.680	4.386	—	7.294
Suisse.................	—	15.223	13.296	—	1.927
Russie.....................	...	5.414	5.786	+	372
Turquie	—	16.092	6.293	—	9.799
Suède	—	5.376	731	—	4.645
Grèce	...	3.456	216	—	3.240
Chili	—	12.225	4.283	—	7.942
Divers, compris l'Allemagne...	—	53.711	38.355	—	15.356
TOTAUX........ tonnes		214.100	144.038	—	70.042

⁎⁎

L'Autriche a pris la place de la France en Italie, en Turquie, en Grèce et une partie de la Suisse ; l'Allemagne fournit l'autre partie de la Suisse et a remplacé les pains français en Alsace-Lorraine ; les États-Unis envoient leurs sucres raffinés en Angleterre, et leurs pilés approvisioneront bientôt exclusivement les États de l'Amérique du Sud, tels que la République Argentine, l'Uruguay, le Chili, etc., qui avaient reçu, en 1875, près de 20,000 tonnes de raffinés français.

Même dans les pays où les sucres raffinés français trouvent encore un débouché satisfaisant, les produits étrangers prennent toute la place offerte par l'augmentation de la consommation. Ainsi, la Suisse reçoit encore, aujourd'hui, à peu près la même quantité de pains français qu'en 1870 ; mais l'Autriche a quadruplé ses expéditions, car, de 7,000 tonnes en 1870, elle est arrivée à 26,000 tonnes en 1877.

L'influence que le bas prix du raffiné devait exercer sur les sucres bruts en Angleterre, a toujours été exagérée. On a perdu de vue que le cours des sucres bruts dépend de la concurrence qui s'établit entre les offres de tous les pays, soit du Continent, soit des colonies ; ces offres sont faites à un nombre limité d'acheteurs et elles se produisent surtout pendant la fabrication, c'est-à-dire, dans une période de trois à quatre mois de l'année. Pour les raffinés, au contraire, les acheteurs sont beaucoup plus nombreux ; les offres émanent de quelques vendeurs seulement, et elles se répartissent sur l'année entière. Ceci explique pourquoi les sucres bruts français ont dû se ressentir davantage de la concurrence des sucres bruts allemands et autrichiens que de la concurrence des pains français.

*
* *

Nous n'avons pas l'intention de prendre ici la défense de la raffinerie, mais il peut être utile de rappeler brièvement les causes de sa prospérité pendant une certaine période.

L'importance du travail de la raffinerie française, son outillage perfectionné, sa puissante organisation commerciale et financière, lui ont permis de lutter aussi longtemps que la surabondance de production dans les pays voisins n'avait pas fait descendre les prix trop bas.

Quant aux primes françaises, si elles avaient été aussi considérables qu'on l'a prétendu, pourquoi aurait-on vu disparaître, depuis 1871, une dizaine d'établissements, à Paris, à Lourches, à Douai, à Honfleur, à Bordeaux, à Nantes, au Havre, etc.? Tous les raffineurs français n'ont donc pas profité, dans la même proportion, de ces fameuses primes à l'aide desquelles ceux de Paris auraient gagné des centaines de millions?

La prospérité de quelques raffineries de Paris a eu d'autres causes, et nous avons indiqué plus haut les principales. Paris, après tout, est placé dans la situation la plus avantageuse pour l'achat du sucre brut et la vente du sucre en pains ; la main-d'œuvre y est peut-être un peu plus chère, mais le choix de bons ouvriers spéciaux est facile, et le travail y gagne en régularité et en rapidité.

Ce qu'il faut dire aussi, c'est que le bénéfice de la raffinerie est loin d'être aussi considérable qu'on pourrait le croire. Il ne dépasse pas, dans les années ordinaires, 1 % du chiffre des affaires; même depuis quelques années, la marge a été constamment inférieure et, souvent, nulle pour les usines de moyenne importance. A présent, les plus importantes sont menacées par la concurrence étrangère.

Le contrôle de l'analyse pour le classement des sucres, a retiré à la raffinerie française le bénéfice des excédants de rendements. L'admission temporaire, refusée aux sucres belges, lui a rendu plus difficile le raffinage pour l'exportation ; la surtaxe de 2 fr. à 3 fr. imposée aux produits étrangers, l'empêche de s'approvisionner d'une manière suffisante pour utiliser complétement son matériel.

La raffinerie a supporté en grande partie la majoration de l'impôt votée à la suite de la guerre franco-allemande. En présence d'une consommation intérieure stationnaire et de l'insuffisance des débouchés extérieurs, elle s'est trouvée constamment encombrée de produits fabriqués, pour lesquels il fallait baisser les cours, tant en France que sur les marchés étrangers. Aussi, le sucre raffiné est-il tombé, aujourd'hui, à des prix relativement plus bas que ceux cotés avant l'augmentation des droits.

**

Depuis plusieurs années déjà, il s'est produit un revirement dans l'opinion relative aux conséquences des primes françaises, et nous en trouvons l'expression jusque dans les discussions du Comité central des fabricants de sucre. À plusieurs reprises, M. Legru a fait remarquer que l'exportation des sucres raffinés ne portait aucun préjudice à l'exportation des sucres bruts; qu'elle facilitait, au contraire, l'écoulement du trop-plein de la production indigène.

M. Linard, qui s'est séparé du comité central à propos de cette lutte contre la raffinerie, exprimait ainsi son opinion dans une lettre adressée au Ministre de l'agriculture et du commerce :

« L'exportation des sucres raffinés est une condition essentielle à « la prospérité de notre industrie. Les primes dont on fait si grand « bruit sont insignifiantes depuis l'adoption de la saccharimétrie, et, « en tout cas, elles nous sont profitables. Le régime actuel nous « satisfait, malgré quelques imperfections qui seraient, d'ailleurs, « beaucoup amoindries, si la catégorie inférieure, celle des sucres « sous 7, était supprimée ; ce serait un acheminement vers le « système du droit unique, que je considère comme la meilleure solu-« tion applicable dans un prochain avenir.

« Quant à la convention internationale projetée, elle pourrait avoir « pour nous les plus graves inconvénients, si l'Autriche, la Russie et « le Zollverein n'y prennent pas part. Les sucres autrichiens et russes « sont primés de 15 à 25 fr. à l'exportation. Ils sont admis aujourd'hui « en Hollande et en Angleterre sur le même pied que les nôtres : nous « ne pourrions pas résister indéfiniment à une telle concurrence. Si « l'Angleterre et la Hollande veulent obtenir du gouvernement français « des garanties contre le rétablissement des primes en France, il est de « toute équité que ces deux pays s'engagent à prendre des mesures « contre les primes de nos concurrents. »

L'idée d'une entente commune paraît enfin avoir été comprise par la majorité des fabricants de sucre, et le Comité central s'y est rallié dans la séance du 10 juin. Cet accord a été constaté dans les termes suivants :

« La conclusion d'une union douanière entre tous les pays qui produisent ou raffinent du sucre, sera poursuivie à la requête et au nom tant du Comité central des fabricants de sucre de France que des trois raffineurs susnommés : MM. Sommier, Gustave Lebaudy, raffineurs ; M. Cronier, administrateur de la raffinerie Say ; MM. Guillon, Jeanti et Prévost, raffineurs à Paris, dont les trois premiers avaient pouvoir.

« Le but à atteindre est la suppression de toutes les primes sur le sucre dans tous les pays.

« Pour obtenir ce résultat, il faut une convention internationale dont les bases seraient les suivantes :

« Dans les pays co-contractants où il existe un impôt sur le sucre, la fabrication et le raffinage auront lieu en entrepôt, c'est-à-dire sous la surveillance des agents de l'Etat.

« L'impôt ne sera perçu qu'au moment où le sucre sera livré à la consommation. Il n'y aura lieu à aucun drawback à l'exportation.

« Il n'y aura aucune surtaxe sur les sucres originaires des pays signataires de la convention.

« Les pays co-contractants s'engagent à frapper d'une taxe ou d'une surtaxe uniforme à l'entrée (taxe ou surtaxe qui ne pourra jamais être remboursée) les sucres originaires ou venant de pays non-signataires de la convention où il existe un impôt sur le sucre. »

La raffinerie française se trouve, à présent, dans une situation manifestement inférieure à celle de l'industrie similaire des autres pays, celle de la Grande-Bretagne notamment.

Le raffineur anglais ne subit d'entraves d'aucune sorte pour son approvisionnement. Point d'impôts ni de droits, donc aucune de ces mille formalités de déclarations, d'acquittements, entraînant des écritures sans fin, la dépense d'un personnel très nombreux, etc. Il n'a pas la perte du déchet de 1 à 2 % résultant du travail du sucre brut, perte qui porte en France sur des droits très élevés. Pouvant acheter la matière brute partout où il y a avantage, il profite des primes que l'étranger paye à l'exportation, tandis que le raffineur français en est empêché par une surtaxe de 2 à 3 fr. par 100 kil.

L'agitation provoquée par la raffinerie anglaise a une cause bien naturelle, celle de l'intérêt. Le raffineur anglais ne s'attaque qu'aux sucres raffinés primés ailleurs et qui viennent lui faire concurrence ; s'il ne dit rien des sucres bruts qui obtiennent des primes d'exportation en Autriche et en Allemagne, c'est parce qu'il en profite.

Sir Stafford Northcote, dans sa réponse à M. Martineau (avril 1879), demandait l'explication de l'exportation croissante des sucres raffinés d'Angleterre, si l'industrie du raffinage était aussi malade qu'on le prétendait. « Au total, dit-il, le commerce des raffinés de la Clyde augmente, et, s'il y a diminution à Glasgow, par contre Greenock est en pleine prospérité. »

C'est un terrain que le raffineur anglais devra abandonner pour joindre ses efforts à ceux réunis des raffineurs et fabricants français, d'accord aujourd'hui pour l'abolition de toutes les primes, tant celles des sucres bruts que des raffinés.

Le gouvernement anglais se décidera peut-être à prendre les mesures pour atteindre ce but. Le consommateur est intéressé dans cette solution ; car le jour où la production aura diminué, par suite de la difficulté de la lutte, les prix se relèveront et il faudra des années pour les ramener au taux où la libre concurrence pourra les maintenir.

Quel que soit le résultat des efforts de la raffinerie et du commerce anglais, il y a un parti à prendre pour la France.

Le 31 décembre 1878, le gouvernement a dénoncé tous les traités de commerce existant avec les autres nations ; mais, par suite d'accords, ils ont été prorogés depuis cette époque et sont encore en vigueur au moment actuel ; ils doivent, pour la plupart, prendre fin six mois après l'adoption du nouveau tarif des douanes, qui est en discussion devant les Chambres. De nouveaux traités devront alors être conclus sur la base du tarif qui sera voté.

L'industrie sucrière est vivement intéressée dans le régime à adopter vis-à-vis des autres pays.

La sucrerie demande une protection égale à celle accordée à l'industrie similaire étrangère. Ses vœux ont été résumés dans la résolution suivante votée par la Société des agriculteurs de France au mois de février dernier :

La sucrerie indigène, condamnée à succomber dans la lutte inégale des primes importantes accordées à l'exportation du sucre brut ou raffiné dans tous les pays d'Europe, réclame que les traités de commerce dénoncés ne soient renouvelés que sur la base d'une juste réciprocité, soit que les pays concurrents consentent à la réduction de leurs primes, soit qu'un régime commun soit établi entre tous les pays d'Europe producteurs de sucre.

Les raffineurs, d'autre part, menacés dans leur approvisionnement par la surtaxe de 2 à 3 fr. qui serait portée au taux uniforme de 3 fr. dans le nouveau tarif des douanes, ont résumé, dans une note déposée par leurs délégués, des motifs qui militent en faveur *du remboursement de cette surtaxe pour les sucres bruts exportés après raffinage.*

Leur demande n'a pas été accueillie. La commission des douanes a porté la surtaxe à 3 fr. sans aucune compensation à l'exportation du sucre raffiné provenant des sucres importés avec cette charge.

La crise s'aggrave pendant ces délais, nécessaires cependant à la recherche du remède. L'agriculture joint ses plaintes à celles de la sucrerie et de la raffinerie; la marine n'a plus de frêt. Le malaise est général.

Quelques esprits initiateurs cherchent une amélioration dans la modification de notre base d'impôt, en taxant la betterave au lieu du sucre. Cette réforme vise l'amélioration de la plante à sucre; mais elle est repoussée, quant à présent, par la majorité des fabricants de sucre, qui espèrent arriver avec le temps au même résultat, celui d'obtenir une betterave aussi riche en sucre que celle des pays voisins.

C'est plutôt dans cette voie que la sucrerie indigène devra chercher son salut.

Elle devra s'efforcer, en outre, d'obtenir un large dégrèvement pour écouler dans l'intérieur l'excédant de sa production.

7

Nécessité du Dégrèvement.

Dans les discusions qui ont eu lieu, au mois de mai de l'année dernière, en Italie, à la Chambre des députés, le ministre des finances a fait ressortir, au sujet de l'augmentation du droit sur les sucres, que la consommation ne s'était pas ressentie de la surcharge beaucoup plus grande supportée par les autres pays sur cette denrée.

A ce paradoxe d'un ministre d'Italie, nous opposerons les paroles d'un ministre anglais, Sir Stafford Northcote, qui a eu l'honneur et la gloire d'attacher son nom à l'abolition de l'impôt sur le sucre dans le Royaume-Uni, où la consommation a doublé depuis dix ans, alors qu'en France elle a plutôt diminué pendant la même période : « Il « est inutile de rappeler, qu'après les céréales, le sucre figure au « premier rang dans le chiffre de la consommation du Royaume-Uni ; « qu'après les céréales, il figure au premier rang dans les importa- « tions. Il procure le plus de frêt à la marine marchande ; enfin, aucun « autre article n'entre tant dans l'industrie. »

L'argument du ministre italien n'est pas soutenable. C'est la France surtout qui était visée, parce que c'est là que le droit a été porté le plus haut.

Il est vrai que la consommation n'a pas diminué d'une manière très-appréciable pendant les vingt dernières années, malgré l'aggravation de l'impôt, qui a été plus que doublé, ayant été porté de 33 fr. à 73 fr. 32 c. ; mais cette immobilité ne prouve-t-elle pas, qu'au lieu de rester stationnaire, la consommation, avec un droit moins élevé, eût certainement augmenté dans une proportion plus ou moins considérable, de manière à produire le même rendement avec un impôt moindre. Page 87.

De 1869 à 1878, l'aisance générale a certainement diminué ; l'enchérissement du pain, de la viande, du combustible, insuffisamment compensé par la diminution du prix du vêtement, empêche le consommateur de dépenser aujourd'hui, pour le sucre, une plus grande somme d'argent qu'avant la guerre. Le prix du sucre ayant augmenté depuis lors de 20 à 25 °/°. la consommation a dû diminuer dans la même proportion.

Si le chiffre d'il y a dix ans s'est maintenu, c'est parce que l'extension et la facilité des voies de communication, l'augmentation du bien-être individuel, ont créé des consommateurs nouveaux ; mais le malaise général, aggravé par l'exagération de l'impôt, a diminué la consommation dans la classe moyenne, sans parler de la classe ouvrière pour laquelle le sucre est devenu pour ainsi dire inabordable.

Dans la répartition du budget des petites bourses, il n'est pas question d'une *quantité* déterminée de sucre, café, etc., mais d'une *somme* appliquée à chaque objet. Que cette somme produise un demi-kilo de sucre par semaine ou par quinzaine, c'est un demi-kilo que la ménagère consommera avec sa famille ; un ou deux kilos y passeraient si ce poids était obtenu avec la même dépense.

Et la quantité considérable de sucre qu'on utiliserait dans la fabrication des confitures, la conservation des fruits, dont il se perd chaque année en France des quantités énormes ! Ici encore le trafic devrait recevoir des facilités plus grandes par les Compagnies de chemins de fer. Le Midi partagerait avec le Nord l'abondance qui fait défaut dans bien des contrées. Pourquoi le raisin est-il à des prix inabordables dans le Nord lorsqu'il est à vil prix dans le Midi au moment des vendanges? Une diminution des frais de transport amènerait les fruits savoureux de la région méridionale dans les pays moins favorisés par le climat.

M. Dubrunfaut, l'illustre chimiste, sur la brèche depuis plus d'un demi siècle, demande l'abolition ou au moins la réduction de l'impôt sur le sucre à un autre point de vue. « Les récoltes qui, à l'exemple « de la betterave, dit-il, constituent la base et le pivot d'un immense « progrès agricole, et, par suite, de la richesse publique, devraient « être, en bonne économie politique, indemnes de tout impôt, ou au « moins être frappés d'un impôt modéré, afin que cet impôt ne fasse « pas obstacle au progrès de la consommation. » Et à cette occasion il rappelle que la culture de la betterave a doublé la fécondité et la valeur du sol de la France, en doublant en même temps la production des céréales, de la viande et de tous les produits utiles que réalise la culture intensive. « A ce titre, ajoute-t-il, la culture de la betterave « mériterait protection et encouragements, dans le but d'accélérer « son développement pour la faire arriver aux plus hautes limites « qu'elle puisse atteindre. » Plus récemment, il qualifiait l'impôt du sucre « d'être presque l'égal d'un *crime de lèse-richesse publique*. »

Un économiste éminent, M. Paul Leroy-Beaulieu, prétend que le sucre ne sera jamais en France que d'une consommation exceptionnelle et luxueuse, qu'on peut le taxer au taux qui assure le plus fort rendement fiscal.

Tous les faits démentent cette appréciation. Riches et pauvres consomment le sucre, dans une proportion plus ou moins forte, suivant le genre de vie de la contrée qu'ils habitent. Si l'on pouvait apprécier cette consommation d'une manière rigoureuse, on verrait même que l'écart entre les diverses régions, comme entre les divers pays, n'est pas aussi fort que les statistiques le font admettre.

« Les arguments abondent, dit M. Dureau (*Journal des Fabricants de sucre* du 28 mai 1878) pour prouver qu'en France le sucre ne saurait être considéré comme une denrée de luxe, et cette opinion ancienne que le sucre convient mieux aux climats brumeux et froids qu'aux climats tempérés ou chauds, ne repose sur aucun fondement. La consommation du sucre dans tous les pays tropicaux est énorme; en Australie, elle atteint notamment un chiffre qui, nulle part, n'est surpassé. »

M. Le Pelletier de Saint-Remy, dans son *Questionnaire de la question des sucres* (1), a consacré un chapitre très intéressant au « degré d'extensibilité qu'il est permis d'attribuer à la consommation du sucre en France ». Les idées extrêmement justes que l'auteur exprime dans un style entraînant mériteraient d'être reproduites ici; mais nous devons borner nos citations.

L'auteur attaque à fond la théorie des pays à *boissons chaudes* et des pays à *boissons froides* par laquelle on explique ou cherche à expliquer l'énorme consommation de l'Angleterre. « La nature des liquides absorbés par les différentes populations n'occupe, dit-il, une place dominante dans l'ensemble de la consommation du sucre chez elles qu'autant que le prix de cet édulcorateur indispensable est maintenu haut par l'élévation du droit. Il est probable qu'au temps du blocus continental, alors que le sucre était un véritable mythe en France, on ne s'en servait guère que pour les tisanes, qui sont d'ailleurs « bois- « sons chaudes ». Quand il devint un peu moins rare on en mit dans le café, puis on s'émancipa jusqu'à en faire des confitures, puis on se lança dans les plats sucrés, et ainsi de suite. La progression est

(1) 2e édition (1877). — Librairie économique Guillemin et Cie, à Paris.

constante avec le bon marché, c'est qu'une fois le droit ramené à des proportions raisonnables ou supprimé, une fois, en un mot, la denrée mise à portée des petites bourses (qui sont les grosses de par le nombre), chacun sent naître des appétits nouveaux et l'édulcoration des boissons n'est plus qu'un besoin comme un autre. Dans les pays de la zone torride, où l'organisme répugne aux « boissons chaudes », mais où chacun a le sucre sous la main et à vil prix, la consommation est énorme. »

Plus loin, M. Le Pelletier de Saint-Remy fait ressortir avec verve les bienfaisantes qualités du sucre « en même temps condiment et aliment, pouvant être prodigué en quelque sorte sans mesure. Antiseptique par excellence, le sucre employé à haute dose conserve indéfiniment les fruits, si abondants dans nos campagnes et qui pourraient ainsi devenir une précieuse ressource d'hiver pour les classes pauvres. Véritable protée de la confiserie, de la pâtisserie, de la distillerie fine et des mélanges culinaires, aucun âge, aucune condition n'échappe à l'attrait de ses appétissantes métamorphoses. Quel meilleur tonique pour l'organisme débilité du pauvre qu'un verre de vin richement sucré. Versons chaque année le carbonne de 200 millions de kilogrammes de sucre dans le vin chaud de nos pauvres ménages, et nous n'aurons plus à gémir de la diminution de notre population ».

Sa conclusion mérite d'être citée en entier :

« Le pauvre a droit au sucre comme le riche en ce sens que l'exagération de l'impôt ne doit pas lui en rendre la consommation inaccessible. Au fond de cette pensée humanitaire, il semble qu'il y ait une loi providentielle, puisque jamais le législateur n'a pu arriver à résoudre le problème des sucres en négligeant de compter avec la consommation des classes déshéritées. C'est pour avoir enfin tenu compte de ce facteur toujours méconnu que l'Angleterre a pu clore à jamais son débat sucrier. »

*
* *

Dans le Midi, l'usage du vin empêche évidemment de recourir au sucre dans une aussi forte proportion que dans le Nord et l'Est où l'usage du café est général. Mais que l'on retire les entraves qui s'opposent à sa consommation dans les pays méridionaux, en autorisant le sucrage des vins ; qu'un impôt moins lourd permette de s'en servir pour la préparation des confitures, la préparation des fruits confits, on augmentera ainsi l'usage du sucre dans ces contrées, qui trouveront ainsi un meilleur parti à tirer des fruits dont il se perd de grandes quantités tous les ans.

Le dégrèvement du sucre, pour produire tout son effet, doit être suivi par celui du café et celui du cacao, les principaux véhicules du sucre. Que la tasse de café, la tablette de chocolat, deviennent abordables à la classe pauvre comme à la classe moyenne, et l'on doublera certainement la consommation ; le Trésor y retrouvera exactement son compte avec un impôt inférieur de moitié au taux actuel. On procurera ainsi à la classe la plus nombreuse de la société, à la population agricole et ouvrière, une source de bien-être matériel qui aura certainement un heureux effet sur sa situation morale, car tout s'enchaîne dans ces questions.

Le bon marché joue un rôle prépondérant dans la consommation. En Amérique, la majeure partie de la consommation consiste en coffeesugar, qualité inférieure au sucre en pain ou cristallisé ; la différence de prix est insignifiante, et cependant elle suffit pour mériter la préférence du consommateur.

Ce qu'il faut, c'est dégrever largement : une réduction insuffisante n'atteindrait pas le but à poursuivre. Pourrait-on chiffrer les conséquences déplorables que la cherté du café a eues sur la consommation du sucre?—Mais ces impôts sont si commodes; ils frappent tout le monde, dit-on.—Cela est vrai, mais ils touchent d'une manière bien plus sensible le pauvre que le riche. Jamais droit élevé, même exagéré, a-t-il empêché ce dernier de prendre sa tasse de café et d'y ajouter du sucre ; au pauvre, on a fini par refuser le café pur, d'un prix trop élevé. On l'oblige à y mélanger la chicorée amère, et, par le prix trop élevé du sucre, on lui refuse de faire passer cette amertume.

L'exemple des pays qui n'ont qu'un droit minime ou qui n'en ont pas, est cependant de nature à engager un ministre, véritable homme d'Etat, à tenter une expérience sérieuse.

* *

L'exemple de la Grande-Bretagne doit être cité chaque fois qu'il s'agit de faire ressortir l'influence que le prix du sucre exerce sur sa consommation. Les considérations suivantes sont extraites d'un article que nous avons consacré à cette question dans le numéro de l'*Economiste français* du 27 décembre 1879, lors de la nomination de la commission extra-parlementaire, article accompagné du tableau graphique que nous reproduisons plus loin en tête des *Statistiques du Sucre*, page 87.

« L'honorable M. Say, dans sa réponse à l'amendement de M. Paris, attribue aux habitudes de la consommation anglaise le taux de 29 kilog., et il n'admet pas que la France puisse arriver au même chiffre. Il oublie qu'elle y arriverait par des moyens différents parmi lesquels on peut citer le sucrage, le vinage, la fabrication des confitures et des fruits confits, sans parler de l'extension que la consommation du sucre subirait si les principaux éléments qui peuvent la développer, tels que le café et le cacao, n'étaient pas frappés aussi d'un droit exorbitant.

« Les habitudes anglaises étaient-elles donc, en 1860, différentes de ce qu'elles sont aujourd'hui, car à cette époque l'écart entre la France et l'Angleterre était représenté par 1 contre 2, au lieu de 1 contre 4 à présent?

« L'Angleterre n'est pas arrivée d'un coup au taux élevé d'aujourd'hui ; elle a doublé sa consommation en moins de vingt ans par le bon marché auquel est tombé le sucre à la suite de dégrèvements successifs. Le nombre des consommateurs s'est accru tous les ans. Il n'est pas prouvé qu'en France la consommation n'ait pas une élasticité pareille. A chaque moment, on peut étudier l'influence des prix du sucre sur la consommation; elle est considérable, et les cours élevés de cette année, conséquence du déficit des récoltes, en offriront une nouvelle preuve dont le Trésor s'en ressentira comme en 1876-77. Les tableaux graphiques qui accompagnent cet article feront, mieux que tous les raisonnements, ressortir cette influence.

« En regard du mouvement annuel de la production du sucre en France depuis vingt ans, nous avons placé, sur un même plan, la consommation. La première, de 100,000 tonnes en 1860, monte à 450,000 tonnes en 1878 ; elle a donc plus que quadruplé, tandis que la consommation débute au-dessus de 200,000 tonnes en 1860, et dépasse à peine 260,000 tonnes en 1878, n'ayant gagné qu'un tiers pour cent.

« Sur un second plan, et toujours en face d'une même série de chiffres, nous comparons la production en Europe et la consommation en Angleterre. La production, de 400,000 tonnes environ en 1860, arrive à près de 1,500,000 tonnes en 1878 ; la consommation anglaise, elle, s'élève de 450,000 tonnes à 950,000 tonnes en 1878; la progression est considérable dans les deux cas.

« Mettons en comparaison, maintenant, la consommation de France et celle de l'Angleterre. Ici, elle a plus que doublé, là elle est restée stationnaire ou peu s'en faut. Avec une population à peu près égale, un genre de vie trop peu différent pour justifier un grand écart, la consommation du sucre est quatre fois plus élevée chez nos voisins, atteignant une moyenne annuelle de près de 30 kilog. par tête et par année, lorsque nous n'arrivons pas à 8 kilog. seulement.

« Cette situation, stationnaire et regrettable pour la France, progressive et satisfaisante pour l'Angleterre, est due surtout à la différence de traitement subi par le sucre dans les deux pays, l'un le considérant comme matière imposable par excellence, pouvant supporter toutes les charges, l'autre, comme un élément de bien-être pour la population et l'exemptant de toutes les entraves.

« Remarquons, en tête de nos deux tableaux de droite, l'échelle des droits sur le sucre raffiné dans les deux pays pendant les vingt dernières années :

La France qui, cependant, depuis 1865, produit plus de sucre qu'elle n'en consomme, ajoute constamment à l'impôt, fixé ainsi :

« De 1860-1861, les 100 kilog................ Fr. 33 »
— 1862-1863,   —   ....   45 »
— 1864-1870,   —   ....   47 »
— 1871-1872,   —. 61 10
— 1873,   — 70.50
— 1874-1878,   — 73.32

« Soit une augmentation d'environ 130 %.

« L'Angleterre, qui est obligée de demander à l'étranger la totalité du sucre qu'elle consomme, retranche constamment de l'impôt primitif, fixé comme suit :

« De 1860-1863, par 100 kilog................ Fr. 45.07
— 1864-1866,   — 31.50
— 1867-1869,   — 29.54
— 1870-1872,   — 14.77
— 1873,   — 7.38
— 1874,   — 0.00

« L'impôt est diminué successivement jusqu'à zéro.

« L'Angleterre est, jusqu'à présent, le seul pays d'Europe ayant supprimé l'impôt sur le sucre; mais nulle part, cette denrée de première nécessité ne se trouve frappée autant qu'en France, et partout nous voyons la consommation augmenter dans une proportion plus ou moins rapide. »

**

L'excédent considérable du budget permet d'espérer que M. Magnin, le nouveau ministre des finances, réalisera enfin le dégrèvement promis par son prédécesseur. La diminution du droit paraît devoir être de 40 % environ, ce qui réduirait le droit à environ 40 fr. par 100 kil.; l'on profiterait sans doute aussi de cette occasion pour diminuer l'écart entre le droit des différentes qualités de sucre, afin de s'approcher ainsi autant que possible du droit unique. Ce serait un excellent moyen pour simplifier la question des sucres au point de vue d'une entente avec les autres pays. — Il a été dit que le dégrèvement ne pourrait pas avoir lieu avant 1881. Il serait cependant bien désirable qu'on parvînt à l'accorder pour une époque plus rapprochée.

LÉGISLATION

FRANCE, COLONIES ET POSSESSIONS
BELGIQUE – PAYS-BAS – ALLEMAGNE
AUTRICHE-HONGRIE
RUSSIE – ITALIE – ÉTATS-UNIS

AUSTRALIE — CHILI — CANADA — DANEMARK — ESPAGNE — GRÈCE — INDES ANGLAISES
PORTUGAL — ROUMANIE
SERBIE — SUÈDE ET NORVÉGE — SUISSE — TURQUIE

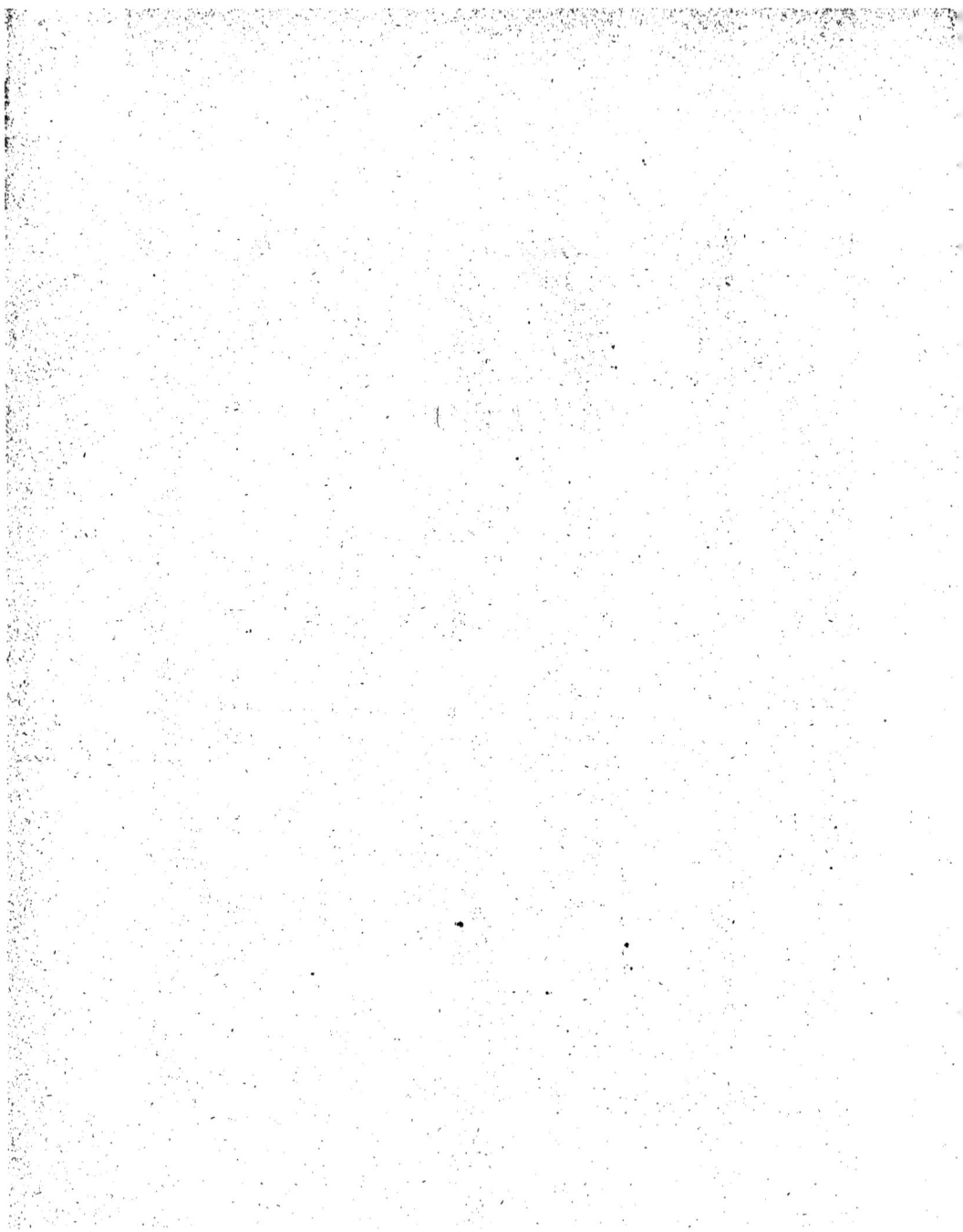

FRANCE

Impôt (accise).

L'impôt sur les sucres indigènes est assuré par voie d'exercice. (Voir plus loin sous le titre : Fabriques de sucre).

La prise en charge, dans les fabriques, est calculée, au minimum, sur la quantité et la densité des jus soumis à la défécation, à raison de 1,400 grammes de sucre au dessous du n° 13, pour 100 litres de jus et par chaque degré du densimètre au dessus de 100 (densité de l'eau), reconnus avant la défécation à la température de 16 degrés centigrades. — Les exédants constatés sur ce minimum sont ajoutés aux charges. En principe, les manquants sont passibles des droits ; mais quand il est établi qu'ils proviennent exclusivement de déficits de rendement, le ministre peut en autoriser la décharge sans payement de l'impôt.

Les droits sont fixés ainsi qu'il suit :

A. — Sucres déclarés pour la consommation intérieure :

par 100 kil.

Sucres bruts au-dessous du n° 13, titrage moins de 91° (76° à 90°99)..........................	65	52
— — du n° 13 au n° 20 inclusivement, titrage 91° à 98° exclusivement (91° à 97°99)......	68	64
— — assimilés aux raffinés, poudre blanche au-dessus du n° 20 (titre 98° ou plus)....	70	20
— raffinés dans les fabriques indigènes...	73	32
— candis..	81	50
— obtenus des mélasses libérées de l'impôt..	26	»
Glucoses comprenant tous les produits saccharins non cristallisables.........................	11	44

B. — Sucres déclarés pour l'admission temporaire :

1re classe. Sucres n°s 15 à 18 (acq. 15/18) 92° inclusivement à 98° exclusivement				(92° à 97°99)
2e — — 10 à 14 (— 10/14) 85° — à 92° —				(85° à 91°99)
3e — — 7 à 9 (— 7/9) 76° — à 85° —				(76° à 84°99)
4e — au-dessous du n° 7 (— 5/7) moins de 76 degrés.				

Les sucres déclarés pour l'admission temporaire sont apurés par l'exportation d'une quantité de raffinés correspondant aux rendements fixés ci-après au titre : « Drawback. »

Les sucres indigènes supérieurs en nuance au n° 18 (poudres blanches comprises) et les sucres de canne de même nuance importés des pays hors d'Europe, peuvent être apurés par l'exportation de sucres raffinés en pains, à raison d'un rendement de 97 °/₀.

Les sucres coloniaux et étrangers ne sont admissibles au raffinage d'exportation que lorsqu'ils ont été importés directement par mer des pays hors d'Europe.

Les conditions auxquelles est subordonnée l'admission temporaire des sucres destinés au raffinage sont tout à fait distinctes de celles qui résultent, pour les autres marchandises, des dispositions de l'art. 5 de la loi du 5 juillet 1836. L'admission temporaire des sucres, pour cette destination, est exclusivement régie par la loi du 7 mai 1864, art. 5 et 8, la loi des finances du 8 juillet 1865, art. 27, et par les lois du 29 juillet 1875, art. 2 et 3, et du 30 décembre 1875, art. 13 à 15.

Les sucres déclarés pour l'admission temporaire donnent lieu à des obligations cautionnées. Ces obligations ont, pour l'action ou les privilèges du Trésor et la responsabilité des comptables, tous les effets des traites souscrites pour le payement des droits (loi du 7 mai 1864, art. 5). Les receveurs ont droit, pour ces obligations, à la moitié de la remise qui leur est allouée pour la souscription des traites.

Peuvent seuls être admis à la décharge des obligations souscrites pour les sucres des n°s 18 et au-dessous (1) :

1° Les sucres raffinés, candis et en pains (2). (Loi du 7 mai 1864, art. 6) ;

2° Les vergeoises des n°s 7 et au-dessus. (Lois du 29 juillet et 30 décembre 1875, maintenant, à cet égard, les dispositions de la convention du 8 novembre 1864, art. 8. de la déclaration du 27 décembre 1869).

Les sucres raffinés en pains doivent être présentés parfaitement épurés, durs et secs, à la vérification des employés. (Voir l'art. 8 de la convention du 8 novembre 1864). Après cette opération, ils peuvent être concassés ou pilés sous la surveillance non interrompue du service. Le pilage doit avoir lieu, soit dans les magasins de la douane ou de l'entrepôt réel, soit dans un établissement spécial, agréé par la douane et gardé par elle.

On admet aussi à la décharge des obligations les sucres scés en morceaux réguliers (morceaux prismatiques), et l'on tolère que le sciage ait lieu hors des magasins de la douane ou de l'entrepôt, sous les conditions ci-après : Le local doit être agréé par la douane ; chaque opération doit être déclarée préalablement, et le sciage ne peut commencer qu'après que le service a reconnu que les pains satisfont aux conditions réglementaires ; le service surveille l'opération dans la mesure qu'il juge nécessaire ; les morceaux prismatiques sont seuls reçus à la décharge des comptes, à l'exclusion de la poudre et des déchets.

---

(1) Les obligations relatives aux sucres au dessus du n° 18 et aux poudres blanches doivent être apurées par des sucres raffinés en pains.

(2) Les pains sont habituellement de forme conique. Mais on peut admettre aussi des pains de forme prismatique lorsqu'ils réunissent les conditions obligatoires de pureté, de dureté, de siccité. (Avis du comité consultatif des arts et manufactures, du 14 juillet 1875.)

8

Les rendements en sucre raffiné se calculent d'après les bases ci-après. (Lois citées ci-dessus, maintenant à cet égard les dispositions de l'art. 7 de la convention du 8 novembre 1864 et de la déclaration du 20 novembre 1866, et loi du 30 décembre 1875, art. 13) :

POUR 100 KIL. DE SUCRE BRUT :

	Sucres en pains	Sucres candis [1]
Au-dessous du n° 7 (moins de 76 degrés de richesse saccharine)........	67	62
Des n°s 7 à 9 inclusivement (de 76 degrés inclusivement à 85 degrés exclusivement)...	80	74
Des n°s 10 à 14 inclusivement (de 85 degrés inclusivement à 92 degrés exclusivement).	88	82
Des n°s 15 à 18 inclusivement (de 92 degrés inclusivement à 98 degrés exclusivement).	94	87
Au dessus du n° 18 (poudres blanches comprises), 98 degrés et au-dessus............	97	»

Les vergeoises sont comptées poids pour poids, c'est-à-dire à raison de 100 kil. de vergeoises pour 100 kil. de sucre soumissionné, et elles ne peuvent compenser que les sucres bruts de la même série de numéros (convention du 8 novembre 1864, art. 10), ou de numéros inférieurs.

Ainsi, des vergeoises n°s 7 à 9 ne peuvent être imputées que sur des sucres bruts de la même catégorie, mais des vergeoises n°s 15 à 18 pourraient compenser des sucres bruts n°s 13 à 14 ; sur la demande du commerce, des vergeoises au dessus du n° 18 pourraient aussi être admises, poids pour poids, à la décharge d'obligations souscrites pour des sucres bruts n° 18 et au-dessous.

OBSERVATIONS

De quelque façon que la sortie ait lieu [2], la déclaration ou le passavant dûment régularisés font retour au bureau où la déclaration a été primitivement faite. Les résultats de l'opération sont alors inscrits sur un registre spécial. Le service détache ensuite le volant de ce registre et il le remet à l'exportateur qui en donne reçu. Ce volant (certificat d'exportation) sert de titre pour la décharge des obligations d'admission temporaire [3]. Il est transmissible par endossement. (Voir la circulaire n° 954, nouvelle série).

Si les sucres, au lieu d'être exportés, sont constitués en entrepôt, l'opération a lieu suivant les règles générales. Elle est ensuite inscrite sur le registre spécial mentionné ci-dessus et le volant (certificat d'entrée en entrepôt) est détaché de ce registre et remis au déclarant [3] qui en dispose comme des certificats d'exportation (circulaire n° 954, nouvelle série). Les vergeoises ne peuvent pas être reçues en entrepôt pour la décharge des obligations d'admission temporaire. Elles doivent être exportées directement. (Loi du 7 mai 1864, art. 6).

Dans le cas où un certificat de sortie ou de mise en entrepôt, partiellement appliqué dans un bureau doit, pour le complément, servir à l'apurement d'obligations souscrites dans un autre bureau, il est retenu dans le bureau de première application et le receveur principal en délivre un extrait au moyen duquel s'opèrent les régularisations ultérieures (circulaire n° 954.)

Les sucres raffinés qui, après avoir été placés en entrepôt dans les conditions prévues ci-dessus en sont retirés pour la consommation acquittent les droits afférents à la matière brute dont ils proviennent, et sur les quantités soumissionnées au moment de l'admission temporaire. (Loi du 7 mai 1864, art. 7.)

Le délai de deux mois fixé par la loi pour l'apurement des obligations, soit en numéraire, soit par la production de certificats d'exportation ou d'entrée en entrepôt, est rigoureusement obligatoire et ne peut dans aucun cas être prorogé.

Si l'apurement n'a pas eu lieu dans ce délai, le Trésor poursuit, outre le recouvrement du droit d'entrée et de l'intérêt de retard (loi du 15 février 1875, art. 3), le payement des intérêts à raison de 5 °/₀ l'an, à partir de l'expiration de ce délai. (Loi du 7 mai 1864, art. 8.)

Une latitude de dix jours est laissée au commerce pour rapporter les certificats relatifs à ces opérations. Cinq jours après l'expiration du délai de deux mois, le receveur principal envoie un avertissement au soumissionnaire et à sa caution. Si, cinq jours après ce premier sursis (par conséquent après un délai total de dix jours), les engagements ne sont pas remplis, le receveur principal fait décerner contrainte aux deux obligés. (Circulaire n° 954, nouvelle série.)

---

(1) Le rendement du sucre candi est inférieur à 7 °/₀ à celui du sucre en pains.

(2) Dans les ports, le renvoi au bureau qui a reçu la déclaration primitive, doit être fait dès que la mise à bord a été constatée (Circulaire n° 954, nouvelle série.)

(3) Le délai d'apurement des importations temporaires des sucres bruts étant de deux mois, les certificats présentés pour la décharge des obligations doivent, par conséquent, être produits dans un délai de deux mois au plus, à dater du visa constatant l'exportation ou la mise en entrepôt. Après ce délai, ces certificats ne sont plus valables. (Voir la circulaire n° 954.)

Tarifs des Douanes.

A. — TARIF GÉNÉRAL (DROITS PAR 100 KILOGR. DÉCIMES COMPRIS)	PRODUITS d'origine européenne	PRODUITS d'origine extra-européenne	
		importés directement d'un pays hors d'Europe.	importés des entrepôts d'Europe.
Sucres bruts au-dessous du type n° 13 exclusivem.ent........................	68 64	65 52	68 64
— — du type n° 13 au type n° 20 inclusivement...................	71 76	68 64	71 76
Poudres blanches des colonies et possessions françaises ci-dessous (1)..........	» »	70 20	» »
— — des autres possessions et des pays étrangers.. (*Voir Nota*).....	Prohibés.	Prohibés.	» »
Sucres raffinés des colonies et possessions françaises ci-dessous (1).............	» »	73. 32	» »
— — des autres possessions et des pays étrangers. (*Voir Nota*).......	Prohibés.	Prohibés	» »
Mélasses pour la distillation { des colonies et possessions françaises (1)........	» »	Exemptes.	» »
{ des pays étrangers..........................	3 12	Exemptes.	3 12
— pour toute autre destination	22 31	22 31	25 44
Sirops et bonbons...	68 64	65 52	68 64

NOTA. — La Chambre des députés a modifié, en mars 1880, comme suit, le tarif des douanes :

1° Pour les poudres blanches des pays étrangers.. 81 20
2° Pour les raffinés de l'étranger, candis... 85 80+7 %
— — — autres 85 80

B. — TARIF CONVENTIONNEL
(DROITS PAR 100 KILOGR., DÉCIMES COMPRIS)

Sucre brut de betterave des pays contractants (2)... { au-dessous du type n° 13..................... 67 52
{ du n° 13 inclusivem¹ au n° 20 inclusivem¹..... 70 64
Sucre brut de canne { au-dessous du type n° 13.................... 68 64
{ du type n° 13 inclusivement au type n° 20 inclusivement........ 71 76
Sucres raffinés ou assimilés aux raffinés des pays contractants désignés ci-dessous (.................. 85 80
Mélasses pour la distillation : des pays contractants désignés ci-dessous.................... Exemptes.
— pour toute autre destination, des pays contractants { 50 % au moins de richesse saccharine.. 22 31
{ plus de 50 % de richesse saccharine... 67 52

C. — TABLEAU DES SURTAXES A L'ENTRÉE EN FRANCE.
(PAR 100 KILOGR., DÉCIMES COMPRIS)

Sucre brut de betterave importé directement des pays de production ayant des traités de commerce (2) Fr. 2 »
— — dont l'importation n'a pas lieu en droiture des pays de production........ » 3 12
— — importé des pays qui n'ont pas de traités de commerce................ » 3 12
— d'origine extra-européenne, importé des entrepôts d'Europe...................... » 3 12
— — importé directement par mer d'un pays hors d'Europe...... » Exempt.
Sucre raffiné ou assimilé au raffiné (poudres blanches) importé des pays ayant des traités de commerce (2) » 15 60
— — importé des pays qui n'ont pas de traités de commerce.(V. plus haut) » Prohibé

NOTA. — Les vergeoises importées des pays d'Europe suivent absolument le même régime que les sucres bruts et les sucres raffinés ou assimilés (poudres blanches).

OBSERVATIONS SUR LE TARIF DES DOUANES.

Le tarif de douane divise les sucres en trois catégories principales :

Les sucres bruts, c'est-à-dire les sucres non raffinés égaux ou inférieurs en nuance au type numéro 20; les poudres blanches ou sucres non raffinés au-dessus du numéro 20, et les sucres raffinés.

Les sucres bruts se subdivisent en deux classes pour l'entrée à la consommation, et en cinq classes pour l'admission temporaire.

Le classement est basé exclusivement sur la richesse effective des sucres constatée par les procédés scientifiques : l'analyse par le saccharimètre et le dosage des matières étrangères (sels, glucose, etc.).

Des laboratoires de chimie ont été établis dans les principaux bureaux. Tous les sucres importés doivent y être analysés, sauf aux intéressés, dans le cas de surclassement par les laboratoires de l'Administration, à provoquer l'expertise légale.

L'échantillon soumis au laboratoire s'obtient au moyen de sondage de tous les colis contenant des sucres de qualité analogue. Lorsqu'un même lot comprend des qualités différentes, il est formé un échantillon distinct pour chaque qualité. Les échantillons doivent être placés dans des flacons de verre, et il doit être fait quatre exemplaires de chaque échantillon (3).

(1) *Colonies et possessions françaises favorisées :* Antilles, la Guyanne, la Réunion, Sainte-Marie-Madagascar, Mayotte, Nossi-Bé, Taïti, Noukaïwa, Cochinchine française.

(2) *Pays contractants :* Allemagne, Autriche, Belgique, Espagne, Grande-Bretagne, Italie, Pays-Bas, Portugal, Russie, Suède et Norvège, Suisse, Turquie.

(3) Pour les sucres, l'échantillon doit être placé dans un flacon semblable à celui des anciens types officiels. On prélève trois échantillons identiques, l'un pour l'administration, l'autre pour le laboratoire local, le dernier en prévision des accidents en cours de transports. L'envoi des échantillons de sucre doit être fait par la poste. Voir la circulaire n° 1292 (nouvelle série).

On applique le régime du sucre brut aux *vergeoises*, ou *sucres bâtards*, en poudres plus ou moins colorées, qui constituent l'un des produits inférieurs du raffinage. Les vergeoises se distinguent des sucres bruts par une plus forte siccité, à égalité de nuance, et surtout par leur saveur qui est simplement sucrée et ne rappelle pas la saveur caractéristique des sucres bruts coloniaux ou indigènes.

La matière sirupeuse qui provient du coulage des sucres pendant leur transport est soumise au droit du sucre brut, sauf dans le cas prévu à l'article *Mélasse*. On assimile également au sucre brut au-dessous du numéro 13 le jus de palmier connu sous le nom de *Jagre*.

Les cannes à sucre fraîches ou desséchées, de même que les bagasses qui sont des cannes pressurées, mais pouvant encore fournir du sucre, sont passibles du droit afférent au sucre, proportionnellement à la quantité de sucre cristallisable qu'elles sont reconnues contenir. La même règle s'étend au jus (*vesou*) qu'on obtient par la pression des cannes. En cas d'importation de produits de cette nature, des échantillons sont prélevés pour être soumis à l'analyse saccharimétrique, selon ce qui est réglé à l'égard des sucres. Cette disposition ne s'applique ni aux petites parties de cannes de sucre importées comme objets de curiosité, ni aux bagasses qui auraient été soumises à un lavage et ne contiendraient plus de matière saccharine. Les premières seraient admises en franchise comme objets de collection, les autres seraient assimilées aux végétaux filamenteux non dénommés.

Le *glucose* (sucre de raisin, sucre de fruits, sucre de fécule) est assimilé au sucre brut au-dessous du numéro 13 lorsqu'il est à l'état granulé, c'est-à-dire suivant les termes de la loi du 2 juillet 1843, lorsqu'il a l'apparence du sucre cristallisable. A l'état liquide, et même en *masses concrètes*, il suit le régime des sirops. C'est une matière sucrée, mais d'une composition chimique différente de celle du sucre proprement dit. Le glucose existe naturellement dans certains fruits, principalement dans le raisin. L'industrie l'obtient aussi en soumettant la fécule à l'action des acides. Tout le glucose du commerce a cette dernière origine; il est presque toujours à l'état de sirop ou en masses concrètes : on ne fabrique que très-rarement du glucose granulé.

Le *sucre de lait* (lactine ou lactose) est également assimilé, en tarif général, au sucre au-dessous du numéro 13. En tarif conventionnel, il est spécialement dénommé.

Le sucre de lait, dit aussi *lactine* ou *lactose*, est une substance légèrement sucrée contenue dans le lait.

On l'en extrait en évaporant le petit lait par la chaleur : elle se dépose alors en cristaux blancs, durs, craquant sous la dent, insolubles dans l'alcool et dans l'éther, solubles dans l'acide acétique et dans six parties d'eau froide ou trois parties d'eau bouillante.

Importation pour la consommation.

SUCRES BRUTS. — Qu'ils soient importés de nos colonies ou des pays *hors d'Europe*, les sucres bruts sont aujourd'hui taxés aux mêmes droits, suivant leur qualité.

Les sucres bruts importés des *pays d'Europe* sont frappés d'une surtaxe de 3 francs pour 100 kilogrammes, à laquelle s'ajoute le droit de 4 0/0 établi par la loi du 30 décembre 1873. Toutefois, en vertu de l'article 9 du traité du 1er mai 1861, cette surtaxe est réduite à 2 francs par 100 kilogrammes, sans addition du droit de 4 0/0 pour les sucres de betterave provenant des fabriques de la Belgique et des autres pays d'Europe avec lesquels des traités ont été conclus depuis 1860. Il faut, d'ailleurs, en pareil cas, que l'importation ait lieu en droiture.

Les vergeoises importées des *pays d'Europe* sont, comme les sucres bruts, passibles de la surtaxe de 3 francs par 100 kilogrammes, sauf lorsqu'il s'agit de vergeoises provenant de sucres de canne ou de betteraves raffinés dans les États contractants. Dans ce cas, elles ne supportent, comme le sucre brut ayant la même origine, que la surtaxe de 2 francs par 100 kilogrammes.

POUDRES BLANCHES OU SUCRES NON RAFFINÉS au-dessus du n° 20. — Le droit spécial aux produits de cette catégorie n'est applicable qu'aux sucres des colonies et des possessions françaises dénommées au tableau des droits (et aux sucres de betteraves des mêmes provenances). Les poudres blanches des autres provenances suivent le régime des sucres raffinés (décret-loi du 27 mars 1852, art. 1er). Toutefois, lorsque dans une cargaison de sucres bruts, il se rencontre quelques sacs ou caisses de poudres blanches, auxquelles, d'après cette disposition, la prohibition serait applicable, on peut les admettre, par exception, au droit établi par les traités *pour les sucres raffinés des pays contractants*.

SUCRES RAFFINÉS. — Les sucres raffinés et les poudres blanches, importés d'ailleurs que des colonies et possessions françaises dénommées au tableau des droits, sont prohibés, à titre général, en vertu des dispositions de la loi du 28 avril 1816. Mais cette prohibition ne subsiste aujourd'hui qu'à l'égard des sucres :

1° Des possessions françaises non dénommées au tableau des droits ;

2° Des pays autres que ceux auxquels le tarif conventionnel est applicable.

Il n'y a pas à distinguer, à l'importation, selon que les sucres raffinés sont présentés en pains, en morceaux ou en poudre, ni suivant qu'ils appartiennent à la catégorie des *mélis* ou *quatre-cassons*, des *lumps* ou des *tapés*.

Les droits sur les sucres candis, en caisses ou en futailles, se perçoivent sur le poids net réel (loi du 1er mai 1867, art. 2).

Importation pour l'admission temporaire.

Les sucres bruts, coloniaux ou étrangers, des types n° 18 ou au-dessous, importés des pays hors d'Europe, et les sucres bruts indigènes, des mêmes types, jouissent du régime de l'admission temporaire, avec faculté pour les importateurs de se libérer de leurs engagements dans un délai de deux mois, soit par des certificats du service des douanes ou des contributions indirectes, constatant l'exportation (ou pour les sucres raffinés seulement, la mise en entrepôt) de quantités correspondantes de sucres raffinés et de vergeoises, soit par le payement, en numéraire (et avec intérêt de retard à compter à la date de soumission), du montant des droits sur les sucres soumissionnés.

Le même régime s'applique aux sucres de canne au-dessus du n° 18 (les poudres blanches comprises), importés des pays hors d'Europe, et aux sucres indigènes des mêmes qualités, mais avec exclusion, dans l'un et l'autre cas, des vergeoises et des sucres candis pour la décharge des soumissions.

Les autres catégories de sucres bruts, de toute origine et de toute provenance, ainsi que les poudres blanches admissibles aux droits, peuvent être déclarées pour l'admission temporaire, mais sous la condition du payement obligatoire des droits, avec intérêt de retard, dans le délai de deux mois (loi du 7 mai 1864, art. 8, et loi des finances du 8 juillet 1865, art. 27).

Les déclarations d'admission temporaires doivent spécifier la classe à laquelle les sucres appartiennent, pour l'application de ce régime.

Sucre indigène.

Les sucres bruts et les poudres blanches, sur lesquels l'impôt n'est pas acquitté à la sortie de ces fabriques peuvent être déclarés pour l'entrepôt, l'admission temporaire ou l'exportation. Les sucres raffinés obtenus dans les fabriques-raffineries, ne peuvent en sortir que sous le payement des droits.

Les sucres indigènes (bruts, à l'état de poudres blanches ou raffinés) sont taxés, suivant leur qualité, aux mêmes droits que les sucres des colonies françaises. Il y a aussi identité de conditions, pour les sucres des deux origines, dans l'application du régime de l'admission temporaire (loi du 7 mai 1864 et loi du 30 décembre 1873, art. 13 et 15).

Toutes les fois qu'il y a lieu à la délivrance d'un acquit à caution, les colis doivent être plombés.

Le service des douanes doit exiger la représentation des expéditions de la régie, toutes les fois qu'il est appelé à intervenir pour des transports effectués dans le rayon de surveillance déterminé par la loi du 31 mai 1845, notamment à l'égard des sucres embarqués ou débarqués dans ce rayon, sous le régime du cabotage.

Exportation. — Les droits ne sont pas dus sur le sucre brut indigène exporté à l'étranger (loi du 23 mai 1860, art. 8). Cette disposition s'applique aux poudres blanches comme au sucre brut proprement dit, et aux exportations pour les colonies et autres établissements français, aussi bien qu'aux exportations à l'étranger (sauf, d'ailleurs, l'application des tarifs coloniaux à l'arrivée en Algérie ou dans nos autres possessions). Les sucres raffinés, reçus dans les entrepôts réels de sucres indigènes, pour la décharge des comptes d'admission temporaire, peuvent également être exportés avec exemption des droits.

Dans ces divers cas, les sucres sont sous le plomb de la régie et ils sont accompagnés d'acquits à caution imprimés à l'encre rouge (voir ci-dessus).

Le service doit s'assurer de l'identité des produits, tant pour la quantité que pour la qualité, par des vérifications analogues à celles qui ont lieu pour les sucres coloniaux ou étrangers, expédiés sous les conditions du transit ordinaire des douanes.

A l'égard des sucres raffinés et des vergeoises, présentés à l'exportation pour la décharge des comptes d'admission temporaire, aucune distinction n'est à faire, suivant qu'ils proviennent de sucre indigène ou de sucre colonial ou étranger. Les mêmes règles sont applicables, quelles que soient l'origine des sucres et les imputations auxquelles les certificats d'exportation pourront servir.

Mélasses.

La mélasse est le produit de l'égouttage des sucres. C'est un résidu visqueux, d'un brun rougeâtre plus ou moins foncé ; sa saveur est douce avec un léger goût d'amertume. Elle pèse, d'ordinaire, de 1 kil. 374 à 1 kil. 427 par litre et marque, à l'aréomètre de Beaumé, de 40 à 44 degrés, à la température de 15° centigrades. Il faut éviter de la confondre avec les sucres de basse qualité, notamment avec ceux qui, contenant une grande quantité de mélasse, forment une espèce de pâte et sont connus dans le commerce sous les noms de *sucre plaqué* et de *melados.*

MÉLASSES DE LA DISTILLATION. — Les mélasses destinées à être converties en alcool sont admises au bénéfice de ce régime spécial, sous les conditions ci-après : la distillation doit s'opérer dans des établissements soumis à la surveillance permanente du service des contributions indirectes ; elles doivent y être transportées, sous les formalités de transit, en voitures hachées et plombées. Elles sont accompagnées d'un échantillon plombé destiné à en faire reconnaître l'identité à l'arrivée dans la distillerie ; l'acquit à caution doit être rapporté déchargé dans un délai de six mois ; le rendement est fixé à 33 litres d'alcool par 100 kilogr. de mélasse. (Décret du 20 décembre 1884 et circulaire n° 253, nouvelle série.)

Les sirops impurs provenant du coulage des sucres et contenant seulement une faible proportion de sucre cristallisable peuvent être admis comme mélasse pour la distillation, sous l'accomplissement des formalités prescrites à l'égard des mélasses elles-mêmes. (Décision ministérielle du 13 décembre 1858.)

MÉLASSES NON DESTINÉES A LA DISTILLATION. — Elles forment deux catégories, comprenant : l'une, les mélasses contenant 50 0/0 au moins de matière saccharine ; l'autre, les mélasses d'une richesse saccharine excédant 50 0/0. Ces dernières sont assujetties au droit de sucre brut au-dessous du n° 13 ; mais celles qui sont originaires des États contractants ne sont soumises qu'à une surtaxe de 2 francs par 100 kilogrammes, comme les sucres bruts ayant la même origine.

La mélasse caramélisée suit le régime de la mélasse contenant plus de 50 0/0 de matière saccharine.

On assimile aux mélasses ne contenant pas 50 0/0 ou moins de matière saccharine le moût de bière concret, c'est-à-dire le malt dissous par le brassage et concentré par l'ébullition, avec ou sans addition de houblon. Le produit est quelquefois désigné sous les noms d'extrait de malt, d'extrait de malt et de houblon, et de sirop de bière.

Sirops.

Les sirops sont taxés comme les sucres bruts au-dessous du type numéro 13. (Loi du 27 mars 1817, combinée avec celle du 7 mai 1864).

Le tarif entend par *sirops* toutes les solutions, plus ou moins concentrées, de matières saccharines (y compris les sirops qui constituent l'état intermédiaire de la fabrication du sucre et du travail des raffineries).

Il n'y a pas à distinguer entre les sirops de sucre de canne ou de betterave et les sirops de glucose, soit que ceux-ci aient été directement extraits du raisin ou d'autres fruits, soit qu'ils aient été obtenus industriellement par le traitement de la fécule de grains ou de pommes de terre.

On ne doit pas distinguer non plus entre les sirops purs de ceux qui contiennent du jus de fruits et servent comme boissons (sirops acidulés à l'orange ou au citron, sirops de groseilles, de framboises ou autres sirops de confiserie.

Les *sirops massés*, c'est-à-dire amenés par la concentration à l'état de pâtes, sont traités comme les sirops proprement dits. Cette disposition s'applique notamment au glucose en masses concrètes, à l'exclusion du glucose granulé, lequel appartient à la classe des sucres bruts au-dessous du numéro 13.

On assimile aux sirops le caramel et les autres préparations analogues propres à colorer les sauces ou les liquides.

La glycérine, principe doux des huiles, suit également le régime des sirops, mais en tarif général seulement. En tarif conventionnel, elle appartient à la classe des produits chimiques non dénommés.

Les sirops de raffinage épuisés rentrent dans la catégorie des mélasses ne contenant que 50 0/0 ou moins de matière saccharine.

Les sirops auxquels on a ajouté de l'alcool doivent être traités comme liqueurs. Les sirops médicinaux (sirops de quinquina, d'ipécacuanha, etc.) font partie des *Médicaments composés*.

Bonbons.

Les bonbons suivent, comme les sirops, le régime du sucre brut au-dessous du type numéro 13. (Loi du 27 mars 1817, combinée avec celle du 7 mars 1864.)

La dénomination générique de bonbons comprend les dragées, pralines, pastilles et autres sucreries de l'espèce, les tiges d'angéliques sucrées, les tablettes de bâtons de sucre d'orge et au sucre de pomme, les pâtes de jujube, de guimauve, de réglisse, celles dites boules de gomme et toutes les préparations semblables dans lesquelles il entre du sucre. On y assimile les macarons et autres biscuits analogues, les massepains, les gâteaux sucrés, les nougats, ainsi que les autres pâtisseries sucrées appelées de *petit four*, et généralement tous les objets préparés au sucre qui font partie du commerce des confiseurs, sauf les sirops et les confitures. Quant aux biscuits sucrés autres que les macarons ou analogues, ils sont admis au droit des confitures au sucre. (Avis du Comité consultatif du 8 juillet 1876.)

Le cachou préparé est également assimilé aux bonbons (circulaire n° 1756, ancienne série.) Il en est de même des gâteaux de figues et d'amandes et de la pâte composée de farine, d'amandes, de miel, etc., connu dans les pays du Levant sous le nom de *pâte de Katoa*.

Pour les biscuits de pure farine ou additionnés de gélatine ou d'extrait de viande, voir *Biscuits de mer*.

Confitures.

On ne distingue pas (loi du 27 mars 1827) entre les confitures sèches ou fluides, et il n'y a, non plus, aucune distinction à faire (loi du 9 juin 1845) entre les fruits confits et les confitures proprement dites, dans lesquelles les fruits ont été dénaturés. Telles sont, parmi celles-ci, les gelées, les marmelades, etc.

Les confitures au sucre ou au miel payent, selon la provenance, conformément à la loi du 4 janvier 1864, la moitié des droits afférents au sucre brut au-dessous du type n° 13. Celles d'origine extra-européenne qu'on importe d'un pays d'Europe supportent intégralement la surtaxe d'entrepôt.

Les écorces de citron, d'oranges, etc., mélangées avec du sucre, et les conserves de toute sorte dans lesquelles il entre du sucre ou du miel, sont des confitures, et doivent par conséquent en suivre le régime. On assimile aux confitures au sucre, le lait concentré additionné de sucre, et réduit, par évaporation, à la consistance du miel. On range parmi les confitures sans sucre ni miel le raisiné et les autres préparations de fruit analogues, telles que les marmelades de poires, de pommes, etc., qu'on a simplement fait cuire pour en assurer la conservation.

Drawback.

L'exportation des sucres bruts de France ne donne lieu à aucun drawback, les droits n'étant perçus qu'à la livraison à la raffinerie ou à la consommation.

Les sucres destinés à être raffinés pour l'exportation jouissent de la faculté de l'admission temporaire en franchise, sous les conditions déterminées ci-après. Ils donnent lieu à des obligations cautionnées.

Ces obligations sont apurées dans un délai de deux mois, soit par l'exportation, après raffinage, ou par la mise en entrepôt d'une quantité de sucres raffinés correspondant aux rendements indiqués plus loin, soit par le payement de la taxe applicable aux sucres bruts soumissionnés.

Le rendement des sucres destinés à l'exportation après raffinage a été fixé ainsi qu'il suit :

Sucres au-dessus du n° 18 (poudres blanches comprises)...	97 kil.
— nᵒˢ 14 à 18, rendement	94 —
— 10 à 13, —	88 —
— 7 à 9, —	80 —
— au-dessous de 7 —	67 —

Tares légales.

Le décret du 29 avril 1863 et celui du 8 avril 1865 fixent la tare légale des sucres bruts de canne et de betteraves importés en France ainsi qu'il suit :

Emballages en bois, futailles, etc..	13 0/0
Canastres	8 0/0
Autres emballages { doubles..	4 0/0
{ simples..	2 0/0

Les sucres de betteraves ou autres importés dans des emballages différents de ceux qui sont en usage pour les sucres exotiques, acquittent les droits au poid net. (*Décret du 8 avril 1865.*)

La tare est faite au poids net pour les sucres candis. (Mars 1866.)

Pour les emballages doubles, on a le droit d'enlever, avant la pesée, la seconde enveloppe des sucres et de se contenter de la tare accordée aux emballages simples.

On permet que les contre-fonds des barriques soient enlevés avant le pesage des futailles.

Les poudres blanches, autres que raffinés, jouissent de la tare accordée aux sucres bruts.

La déduction des papiers et ficelles est permise sur les sucres en pains.

A l'entrée en France des sucres bruts des colonies et de l'étranger, les règlements généraux sont appliqués, c'est-à-dire que les droits sont perçus sur le poids brut, déduction faite de la tare ; à la sortie des produits fabriqués, c'est toujours le poids net réel, obtenu effectivement ou par épreuves, qui est appliqué par la douane.

Les déficits constatés à l'arrivée sur les marchandises expédiées par mutations d'entrepôt, ne sont soumis aux droits que sous déduction de la tare proportionnelle, mais seulement alors que la totalité de la partie de marchandise sur laquelle portent les manquants, est déclarée immédiatement pour la consommation, sous bénéfice de la même tare. Cette dernière indication doit être insérée dans les certificats de décharge des acquits-à-caution, afin de faciliter l'application de la disposition qui précède, application qui ne saurait avoir lieu que pour des cas autres que ceux auxquels cette disposition se rapporte. (*Décret du 10 novembre 1849.*)

Drawback accordé au chocolat.

(Décret du 5 juin 1872.)

Vu l'article 5 de la loi du 5 juillet 1836, ainsi conçu :

« Des ordonnances royales pourront autoriser, sauf révocation en cas d'abus, l'importation temporaire de pro-
« duits étrangers destinés à être fabriqués ou à recevoir en France un complément de main-d'œuvre, et que l'on
« s'engagera à réexporter ou à établir en entrepôt dans un délai qui ne pourra excéder six mois et en remplissant
« les formalités et les conditions qui seront déterminées.

« Dans le cas où la réexportation ou la mise en entrepôt ne sera pas effectuée dans le délai et sous les conditions
« déterminés, le soumissionnaire sera tenu au payement d'une amende égale au quadruple des droits des objets
« importés ou au quadruple de la valeur, selon qu'ils seront ou non prohibés et il ne sera plus admis à jouir du
« bénéfice du présent article. »

ART. 1er. — Le cacao et le sucre importés des pays hors d'Europe par navires français, ainsi que les sucres indigènes qui seront destinés à la fabrication, pourront être admis temporairement en franchise de droits, sous les conditions déterminées par l'article 5 de la loi du 5 juillet 1836.

ART. 2. — L'importateur s'engagera, par une soumission valablement cautionnnée, à réexporter ou à réintégrer en entrepôt, dans un délai qui ne pourra excéder quatre mois, 100 kil. de chocolat pour 33 kil. de cacao et 60 kil. de sucre brut des nos 10 à 14.

Pour la balance des comptes, les sucres de toute qualité seront ramenés à la classe des numéros 10 à 14, d'après les bases suivantes :

100 kil. de sucre au-dessous du no 7 seront comptés pour 76 kil. 10 de sucre des nos 10 à 14 ;
100 kil. de sucre au-dessous des nos 7 à 9 seront comptés pour 90 kil. 90 de sucre des nos 10 à 14 ;
100 kil. de sucre au-dessous des nos 15 à 18 seront comptés pour 106 kil. 80 de sucre des nos 10 à 14 ;
100 kil. de sucre au-dessous des nos 19 et 20 seront comptés pour 109 kil. 10 de sucre des nos 10 à 14 ;
100 kil. de sucre poudres blanches au-dessus du no 20 seront comptés pour 111 kil. 35 de sucre des nos 10 à 14 ;
100 kil. de sucre raffiné au-dessus du no 20 seront comptés pour 113 kil. de sucre des nos 10 à 14.

ART. 3. — Ne seront admis à la décharge des soumissions d'admission temporaire que les chocolats valant au moins 2 fr. 70 c. le kil. en fabrique, droits compris, et composés exclusivement de cacao, de sucre et d'aromates, sans mélange d'aucune autre substance. Ils devront être revêtus de la marque ou de l'étiquette du fabricant.

ART. 4. — Les opérations ne pourront avoir lieu à l'entrée que par les bureaux où il existe un entrepôt ; à la sortie, que par les douanes de Paris, Bordeaux, Bayonne et Marseille. Les déclarations seront faites au nom et sous la responsabilité des fabricants.

Toute manœuvre ayant pour objet de faire admettre comme purs des chocolats mélangés, entraînera pour le fabricant la déchéance du régime de l'admission temporaire, indépendamment des pénalités résultant de l'article 5 de la loi du 5 juillet 1836.

Drawback accordé aux fruits confits, confitures et bonbons.
(Décret du 15 août 1878.)

ART. 1er. — Le sucre cristallisable existant en cet état dans les fruits confits, les confitures et les bonbons exportés à l'étranger et aux colonies et possessions françaises (l'Algérie comprise), donnera droit à la décharge des obligations d'admission temporaire de sucre brut des numéros 10 et au-dessus.

La quantité en sera constatée par les laboratoires scientifiques de l'administration des douanes. Cette constatation sera définitive.

ART. 2. — Les fruits confits, confitures et bonbons, pour lesquels le bénéfice de l'article précédent sera réclamé, ne pourront être exportés que par les bureaux de douanes auprès desquels il a été institué des laboratoires scientifiques. Le poids minimum de chaque opération devra être de 100 kilogr. net. Il ne pourra être admis que des fruits confits, confitures ou bonbons, dans lesquels la proportion du sucre cristallisable sera au moins de 10 p. 100.

Les déclarations devront être faites par les fabricants ou par un fondé de pouvoirs réguliers.

Les boîtes et autres colis devront être revêtus de l'étiquette ou de la marque du fabricant.

ART. 3. — Le sucre cristallisable constaté dans les fruits confits et les bonbons sera considéré comme sucre raffiné. Celui qui sera constaté dans les confitures sera considéré comme vergeoise des numéros 15 à 18.

Les pâtes de fruits seront assimilées aux fruits confits.

ART. 4. — Les dispositions des articles 1 à 3 ci-dessus sont applicables aux fruits confits, confitures et bonbons, *qui seront constitués en entrepôt réel, pour être ultérieurement exportés.*

Dans le cas de non-exportation, ils pourront être retirés de l'entrepôt, moyennant le payement d'un droit égal au dégrèvement dont ils auront été l'objet.

ART. 5. — Toute contravention, toute infraction aux prescriptions du présent décret donnera lieu à l'application des peines portées à l'article 5 de la loi du 5 juillet 1836, et spécialement à la déchéance, pour les contrevenants, du régime de l'admission temporaire.

ART. 6. — Le ministre de l'agriculture et du commerce et le ministre des finances sont chargés, chacun en ce qui le concerne, de l'exécution du présent décret.

Le crédit des droits.

Les droits sur les sucres de toute origine sont dus au comptant, sans escompte. (Loi du 15 février 1875). Toutefois, un crédit de quatre mois peut être accordé moyennant le payement d'un intérêt de retard et sous les conditions rappelées ci-après.

Les redevables peuvent être admis à présenter, pour le payement des droits sur les sucres, des obligations dûment cautionnées, à quatre mois d'échéance, lorsque la somme à payer, d'après *chaque décompte*, s'élève à 300 francs au moins.

Ces obligations donnent lieu : 1° à un intérêt de retard, dont le taux est aujourd'hui fixé à 3 francs pour cent par an ; 2° à une remise spéciale allouée au receveur qui concède le crédit.

Les obligations doivent être souscrites par le redevable, à l'ordre du comptable, et *garanties par une ou plusieurs cautions s'engageant solidairement au même titre que le principal obligé.*

Elles doivent être libellées suivant les prescriptions des articles 187 et 188 du Code de commerce et des règlements administratifs ; sur papier timbré *(papier frappé au timbre proportionnel)*; *sans fractions de franc* (1) ; avec cette mention expresse : *valeur en droits de douane ou de contributions indirectes* ; enfin, payables : soit à Paris, soit, quand il s'agit des départements, au domicile ou dans le lieu de la résidence du trésorier payeur général du *département ou du receveur des finances de l'arrondissement.*

Les receveurs ne peuvent pas admettre, pour cautions des obligations, des personnes dont la fortune serait commune avec celle du principal obligé ou d'une première caution.

Les receveurs sont tenus, sous leur responsabilité, de s'assurer de l'authenticité des signatures dont sont revêtus les effets de crédit.

Aucune obligation ne doit être acceptée, si elle ne porte la signature, au moins, de deux personnes habitant le lieu de la résidence du receveur.

Il est formellement interdit d'accorder le crédit en dehors des cas prévus par les règlements, et sous d'autres conditions que celles qu'ils déterminent. Les receveurs qui s'écarteraient des règles établies, ou qui auraient consenti à faire jouir du crédit des personnes dont la solvabilité n'aurait pas été dûment reconnue, en seraient responsables envers le Trésor.

(La responsabilité des crédits pèse exclusivement sur le receveur principal, les receveurs subordonnés ne pouvant faire crédit des droits qu'avec son autorisation.)

Pour couvrir leur responsabilité, en raison des crédits qu'ils accordent, les receveurs ont droit à une remise sur le montant de ces crédits. Cette remise est aujourd'hui fixée à 1/3 pour cent.

---

(1) Les fractions de franc sont payées au comptant aussi bien pour les intérêts de retard que pour le principal,

RÉGIME DES FABRIQUES. — PRINCIPALES DISPOSITIONS

FABRIQUES DE SUCRE. — Quiconque veut fabriquer du sucre, préparer ou concentrer des jus ou sirops cristallisables, est tenu de faire, au bureau de la régie des contributions indirectes, une déclaration présentant la description de la fabrique et indiquant le nombre et la capacité des vaisseaux de toute espèce destinés à contenir des jus, sucres, sirops, mélasses et autres matières saccharines. Le fabricant doit, en outre, prendre une licence. Cette licence est de 100 francs en principal. Elle n'est valable que pour un seul établissement et pour l'année dans laquelle elle a été délivrée. (L. 1846, art 8 et 4. L. 1er sept. 1871, art. 6.)

Les fabriques de sucre sont soumises à la surveillance permanente du service des contributions indirectes.

Les employés chargés de cette surveillance sont autorisés à entrer dans les fabriques et dans les locaux enclavés dans la même enceinte ou y attenant, de sept heures du matin à six heures du soir pendant les mois de janvier, février, novembre et décembre; de six heures du matin à sept heures du soir pendant les mois de mars avril, septembre, et octobre; de cinq heures du matin à huit heures du soir pendant les mois de mai, juin, juillet et août; et, en outre à toute heure de jour et de nuit, en toute saison, lorsque les travaux se continuent pendant la nuit. (L. 28 avril 1816, art. 235 et 236; L. 1846, art. 6.) Ils tiennent, pour chaque fabrique, un compte des produits de la fabrication, tant en jus et sirops qu'en sucres achevés ou imparfaits. (L. 1846, art 7) Ils vérifient et prennent en compte le volume des sirops versés dans les formes ou cristallisoirs. Ils peuvent marquer ces vaisseaux ou désigner, par une étiquette générale, tous les sirops provenant du même empli. (D. 1er sept. 1852, art. 11.)

Toutes les parties de l'usine ou de ses dépendances doivent, lorsque les employés le demandent, être immédiatement ouvertes. Mais, hors le cas de soupçon de fraude, ils ne doivent user de ce droit qu'avec beaucoup de ménagements.

Toute communication intérieure des lieux déclarés par le fabricant, avec les maisons voisines non occupées par lui, est interdite. Les jours et fenêtres du magasin affecté au dépôt des sucres achevés doivent être garnis d'un treillis de fer avec des mailles de 5 centimètres d'ouverture au plus. L'administration peut même exiger : 1° que tous les jours et fenêtres de la fabrique et des bâtiments attenants soient garnis d'un treillis de même dimension; 2° qu'il n'existe aucune communication intérieure avec tout autre bâtiment; et 3° que la fabrique et ses dépendances n'aient qu'une porte principale habituellement ouverte. (D. 1er sept. 1852, art. 2.)

À l'extérieur du bâtiment principal de l'établissement doivent être inscrits les mots : FABRIQUE DE SUCRE. (Id., art. 8.)

Tout fabricant est tenu d'inscrire les principales opérations de sa fabrique sur des registres qui lui sont fournis à cet effet pour l'administration. Ces registres, cotés et paraphés par le chef de service, doivent être, à toute réquisition et à l'instant même de la demande, représentés aux employés qui y apposent leur visa (L. 1846, art. 5 ; D. précité, art. 3.)

Chaque année, et quinze jours au moins avant l'ouverture des travaux de défécation, le fabricant déclare aux employés exerçant la fabrique : 1° le procédé qu'il emploiera pour l'extraction des jus, et 2° les heures de travail pour chaque jour de la semaine. — Tout changement dans le procédé d'extraction des jus ou dans le régime de la fabrique, pour les jours et heures de travail, doit être précédé d'une nouvelle déclaration. Lorsque le fabricant veut suspendre ou cesser les travaux de sa fabrique, il en fait également la déclaration. (D. 1er sept. 1852, art. 6.)

Les sucres en cristallisation ne peuvent être retirés des formes ou cristallisoirs qu'à la suite d'une déclaration faite pour toutes les opérations de la journée. Cette déclaration indique le nombre des formes ou des cristallisoirs de chaque série qui doivent être lochés. Les sucres doivent être extraits en présence du service qui en vérifie le poids et le prend en charge.

Les lochages ne doivent avoir lieu que de jour. (D. précité, art. 13.) Dans les établissements où l'on emploie les appareils à force centrifuge, le fabricant déclare, par journée, les sirops qui doivent passer à la turbine. Il indique la nature des sirops et leur quantité. Le sucre obtenu ne peut-être enlevé qu'après vérification et prise en charge de son poids par le service. (D. précité, art. 14.)

Il est fait par les employés, avant la reprise et après la cessation des travaux de chaque campagne, ainsi qu'à la fin des défécations, un inventaire général des produits de la fabrication. Les quantités de sucre excédant le résultat de la balance du compte sont ajoutées aux charges; le droit est dû sur les quantités manquantes (L. 1846, art. 8); mais le ministre des finances peut en accorder la remise. (D., 7 janvier 1860.) Le fabricant-raffineur peut recevoir des sucres indigènes ou exotiques, libérés d'impôt. Il peut recevoir des sucres indigènes en suspension du payement des droits.

Les sucres introduits dans les fabriques-raffineries doivent être accompagnés d'acquits-à-caution au même titre que ceux qui sont dirigés sur les entrepôts réels.

Immédiatement après leur arrivée, les sucres non libérés d'impôt sont vérifiés, transportés dans les magasins spéciaux de dépôt et pris en charge comme produits imposables pour la quantité de sucre au dessous du n° 13 qu'ils représentent.

L'introduction des sucres bruts, en suspension du payement des droits, est accordée aux fabriques simples dans les mêmes conditions qu'aux fabriques raffineries (Lettre du directeur général, 15 octobre 1869).

Sont saisis tous les sucres, sirops et mélasses recelés dans la fabrique ou ses dépendances, ainsi que ceux appartenant aux fabricants, qui seraient trouvés dans des magasins ou dépôts non déclarés, soit dans la commune où est située la fabrique, soit dans les communes limitrophes (L. 1846, art. 14).

Les fabriques de glucose, et les usines qui extraient le sucre de la mélasse par la baryte ou par tout autre procédé, sont soumises aux mêmes règles que celles des sucres de betterave.

RAFFINERIES DE SUCRE. — Le ministre des finances peut soumettre à l'exercice les raffineries de sucre situées dans l'arrondissement où il existe une fabrique de sucre et dans les cantons limitrophes de cet arrondissement. (Même D., art. 3.)

9

Lorsqu'une raffinerie a été soumise à l'exercice, notification doit en être donnée au raffineur. Dans un délai de quinze jours à partir de cette notification, le raffineur fait au bureau de la régie le plus prochain une déclaration analogue à celle prescrite pour les fabriques de sucre. Il doit aussi se munir d'une licence et faire inscrire à l'extérieur du bâtiment principal la destination de son établissement. (D. 1er sept. 1852, art. 28 et 29.)

Il ne peut être introduit que des matières libérées d'impôt dans les raffineries de sucre. Nulle introduction ne peut avoir lieu qu'à la suite d'une déclaration du raffineur et qu'après vérification par les employés. Les quantités vérifiées sont prises en charge d'après le poids reconnu à l'arrivée; elles doivent être représentées aux employés à toute réquisition. (Même D., art. 31.) Les quantités de sucre qui doivent être mises en fabrication ou en décomposition dans les raffineries soumises à l'exercice sont déclarées par journées et vérifiées par les employés. Elles donnent ouverture, d'après le résultat de la vérification, à un crédit de fabrication de 90 kilogr. de sucre pur pour 100 kilogr. de sucre brut que les raffineurs ont reçu. (D. 11 août 1860.)

Aucune raffinerie ne recevant que des sucres libérés d'impôt, n'a été soumise à l'exercice depuis 10 à 15 ans.

CIRCULATION DES SUCRES. — Aucune expédition ne peut être faite des fabriques de sucre que sur déclaration du fabricant et après vérification par les employés chargés du service et la délivrance d'un acquit-à-caution, qui doit toujours accompagner les sucres dans l'étendue de tout arrondissement où il existe une fabrique et dans les cantons limitrophes de cet arrondissement. (L. 1846, art. 15; D. 1er sept. 1852, art. 26.)

Les sucres, sirops et mélasses ne peuvent être enlevés que de jour. Ils doivent être transportés dans des colis fermés suivant les usages du commerce. (Même D., art. 27.) Les sacs doivent avoir toutes les coutures à l'intérieur et être d'un poids net uniforme de 100 kilog. Les sucres candis peuvent être transportés en caisses de 25 ou en 1/2 caisses de 16 kilog.

L'expéditeur rembourse les frais de plombage au taux déterminé par le ministre des finances. (L. 1846, art. 20.)

Un arrêté du 16 novembre 1879 a réduit les frais du plombage à 0 fr. 03 c. par plomb, y compris la feuille, à partir du 1er décembre 1879.

Il n'est délivré d'acquit-à-caution, pour régulariser le transport en franchise des sucres libérés d'impôt, que sur la justification du payement des droits et sur la représentation des sucres. (D. 1er sept. 1852, art. 38.)

Les chargements doivent être conduits à la destination déclarée dans le délai porté à l'acquit-à-caution. Ce délai est fixé en raison des distances à parcourir et du mode de transport. (D. précité, art. 40.)

Les voituriers, bateliers et tous autres qui conduisent des chargements de sucre, sont tenus d'exhiber sur tous les points soumis à la surveillance, et à l'instant même de la réquisition des employés des contributions indirectes, des douanes ou des octrois, les expéditions de la régie dont ils doivent être porteurs. (L. 1846, art. 18.)

Tout conducteur d'un chargement de sucre, accompagné d'un acquit-à-caution délivré par la régie des contributions indirectes, est affranchi de l'obligation de lever un passavant pour circuler dans les lignes soumises à la surveillance des douanes. (D. 1er sept. 1852, art. 41.)

Les règles que nous venons d'exposer sur la circulation des sucres souffrent, toutefois, quelques exceptions :

1° Au-dessous de 20 kilogr., les quantités qui ne sont enlevées ni des fabriques, ni des magasins d'un fabricant, peuvent toujours circuler sans expédition. (L. 1846, art. 15.)

2° La circulation des sucres de toute espèce, et quelle qu'en soit l'origine, demeure affranchie de toute formalité dans l'intérieur des villes assujetties par l'art. 19 de la loi du 27 juillet 1822. C'est ce qui se pratique, du reste, en vertu de la législation générale des douanes, pour les sucres des colonies ainsi que pour les sucres étrangers. (L. 1846, art. 47.)

3° La circulation des sucres raffinés, provenant de tout autre lieu que d'une usine soumise à l'exercice, a lieu seulement sous laissez-passer. (D. 1er sept. 1852, art. 37.)

4° La circulation des sucres en poudre peut aussi être effectuée sous laissez-passer, lorsque la quantité expédiée ne dépasse pas, pour le même expéditeur, 1,000 kilogr. par mois et par destinataire. (D. précité, art. 37.)

DISPOSITIONS GÉNÉRALES

Aux termes de l'art. 4 du décret du 27 mars 1852, les contestations relatives à la qualité ou à la richesse des sucres indigènes et des matières sucrées de toute nature, provenant des fabriques ou raffineries de sucre, sont déférées aux commissaires experts institués par l'art. 19 de la loi du 27 juillet 1822. C'est ce qui se pratique, du reste, en vertu de la législation générale des douanes, pour les sucres des colonies ainsi que pour les sucres étrangers. (D. 1er sept. 1852, art. 26.)

Toute infraction aux règlements est punie d'une amende de 1,000 fr. à 5,000 fr., et de la confiscation des sucres, sirops et mélasses fabriqués, recelés, enlevés ou transportés en fraude. En cas de récidive, l'amende peut être portée à 10,000 fr. Lorsqu'il a été constaté plus de deux contraventions à la charge d'un fabricant ou d'un raffineur, un arrêté du ministre des finances peut ordonner la fermeture de l'établissement dans lequel la fraude a été commise. (L. 1846, art. 26; D. 27 mars 1852, art. 7; L. 30 déc. 1873, art. 3.)

Les contraventions aux lois et règlements concernant la perception des droits imposés sur le sucre, sont constatées et poursuivies dans les formes propres à l'administration des contributions indirectes.

Pour la pesée des sucres, lors des exercices, recensements et inventaires, ainsi que pour la vérification des chargements au départ et à l'arrivée, les fabricants, les expéditeurs et les destinataires sont obligés de fournir les ouvriers et les poids, balances et autres ustensiles nécessaires à l'effet d'opérer la pesée et de reconnaître la nuance des sucres. Les fabricants sont tenus également de fournir, sur la demande des employés, les ouvriers, l'eau, les vases et ustensiles nécessaires pour vérifier, au moyen de l'empotement, la contenance des vaisseaux. (L. 1846, art. 25.)

Deux entrepôts pour les sucres sont établis aux frais de l'Etat, l'un à Paris, l'autre à Lille. Il peut en être établi dans toutes les autres villes lorsque celles-ci prennent l'engagement de pourvoir à tous les frais. (L. 1846. art. 21.) Il en existe à Saint-Quentin, à Amiens, à Douai, à Valenciennes, à Tergnier et dans les principaux ports.

Aux termes de l'art. 36 du règlement du 1er septembre 1852, les sucres acquittent la taxe sur le poids effectif. Les droits sont dus sur les sucres indigènes à la date de l'enlèvement.

COLONIES ET POSSESSIONS FRANÇAISES

ILE DE CORSE

SUCRES RAFFINÉS. — Les sucres raffinés ayant servi à la décharge de comptes d'admission temporaire, et expédiés soit des fabriques, soit des entrepôts du Continent, acquittent dans l'île les droits dont y eût été passible, selon son origine, sa qualité et sa provenance, la quantité de sucre brut qu'ils représentent.

SUCRES BRUTS. — Jouissent en Corse de la franchise.

SUCRES ÉTRANGERS. — Ceux réexportés des entrepôts du continent français sont soumis, à leur arrivée, au droit qui leur eût été applicable s'ils avaient été directement importés du pays d'où ils étaient arrivés en France.

ALGÉRIE
Tarif des douanes

			Droits
Sucres bruts de tous pays, même ceux des fabriques françaises........................	100 kil.	20	»
— raffinés ou assimilés aux raffinés.................................	—	30	»

Tous les droits du tarif général, en Algérie sont, comme en France, augmentés d'un droit additionnel de 4 °/₀ et de la surtaxe de 3 fr. sur 100 kil. bruts lorsqu'ils sont importés des entrepôts d'Europe. (Loi du 30 décembre 1873).

MARTINIQUE

Droits d'entrée..	Exempts	
Droits d'octroi. — Sucre raffiné, 100 kil. nets..........	10	»
— — — brut..	Exempts	

GUADELOUPE
Tarif des douanes

SUCRES. — Droit du tarif général à l'importation en France.

Droits d'octroi. — Sucre raffiné................................	100 kil. nets.	20	»
Droits de sortie. — Sucre et sirops............................	— —	2	»

ILE SAINT-MARTIN

Sucres français admis en franchise; sucres étrangers prohibés.

Droits d'octroi, sucres et sirops.......................................	100 kil.	20	»

GUYANE FRANÇAISE

Droits d'entrée : 3 °/₀.

ILE DE LA RÉUNION
Tarif des douanes

Sucres bruts ou raffinés..	Droits du tarif général français.		
Mélasses..	100 kil.	2 50	

Tarif de sortie. — Il est perçu, à titre de taxe coloniale, 3 1/2 °/₀ de la valeur du sucre.

SÉNÉGAL ET DÉPENDANCES

Droits d'entrée : à Saint-Louis, taxe de 4 °/₀ de leur valeur; à Gorée, franchise de tout droit.

COMPTOIR D'ABYSSINIE, GABON, GRAND-BASSON

Sous le régime de la franchise.

OCÉANIE

Sucres exportés..	Taxe maximum de 4 °/₀ de la valeur.

ILES SAINT-PIERRE ET MIQUELON

Sucres importés par navires français....................................	Exempts.
— — — étrangers................................	1 °/₀ ad valorem.

MAYOTTE ET DÉPENDANCES

Sous le régime de la franchise.

BELGIQUE

Impôt (accise)

Les sucres bruts indigènes acquittent, aux termes d'un arrêté royal du 26 mars 1867, un droit d'accise, par 100 kil., de 45 fr.

Ce droit est établi sur la densité des jus de betteraves chauffés à 15 degrés centigrades, chaque degré étant pris comme devant donner un rendement de 1,500 grammes de sucre par hectolitre de jus. (Arrêté du 6 août 1867).

Les fabriques de sucre indigène sont soumises à un régime de surveillance établi par la loi du 26 mai 1856.

Tarif des douanes

L'article 2 du même arrêté fixe les droits d'entrée sur les sucres, les sirops et les mélasses, comme suit :

	100 kil.
Sucres raffinés candis..	54 70
— — en pains..	51 13
— bruts, au-dessus du n° 18..	51 13
— — étrangers du n° 15 au n° 18 inclusivement...........................	48 07
— — — — 10 — 14 —	45 »
— — — — 7 — 9 —	40 91
— — — au-dessous du n° 7 —	34 26
Mélasses contenant 50 %, et plus de richesse saccharine........................	34 26
— — moins de richesse saccharine.............................	15 »
— pour la distillation...	Exemptes.

Drawback

La décharge de l'accise à l'exportation ou au dépôt en entrepôt public a été fixée comme suit par l'arrêté royal du 26 mai 1867 :

	100 kil.
Sucres raffinés candis..	54 70
— — en pains, ou sciés en morceaux réguliers de forme rectangulaire............	51 13
— bruts indigènes non humides n° 11 et au-dessus............................	45 »
— — — n° 8 à n° 11 exclusivement.......................	40 91
— raffinés dits bâtards ou vergeoises (cassonades)............... décharge égale aux droits afférents aux sucres bruts, selon le type auquel ils appartiennent.	

OBSERVATIONS

Il résulte du tableau ci-dessus que la législation belge frappe, sous la désignation de *droits d'entrée*, les sucres raffinés étrangers et les sucres étrangers bruts ou assimilés aux raffinés (du n° 18 et au-dessus), et, sous la désignation de *droits d'accises*, les sucres indigènes, c'est-à-dire ceux produits dans le pays.

Cette terminologie est indifférente quant à la perception des droits.

Les rendements qui ont servi de base à la détermination du droit d'accise sur le sucre, et à la décharge de ce droit à l'exportation ou au dépôt en entrepôt public, sont ceux fixés par la convention internationale du 8 novembre 1864, qui ont été maintenus, après l'expiration de cette convention, par la loi du 3 juillet 1875, savoir :

1re classe de sucre brut n° 15 à 18 inclusivement....................	94 %
2e — — 10 à 14	88 %
3e — — 7 à 19	80 %
4e — — au-dessous du n° 7	67 %

La seule modification apportée en Belgique au régime de cette convention consiste dans l'admission à l'exportation avec décharge du droit des raffinés en pains, soit 51 fr. 13 les 100 kilogrammes, des sucres mélis en morceaux réguliers de forme rectangulaire, à la condition qu'ils soient bien épurés et durs, sans teinte rougeâtre ou jaunâtre, et que toutes les parties en soient adhérentes et non friables. Cela résulte de l'article 2 de la loi du 24 mai 1876. Avant cet acte, les sucres raffinés autres que les candis et les cassonades ne pouvaient être exportés avec décharge de l'accise.

Les fabriques de sucre en Belgique sont surveillées par un poste de cinq employés pendant toute la durée des travaux de râpage. A la fin des travaux, les râpages et chaudières à mesurer sont mises sous scellés.

Le jus de betteraves produit, soit par presses, soit par diffusion, est amené dans des chaudières minutieusement jaugées chaque année par les employés de service, assistés du contrôleur, parfois même de l'inspecteur de la province. A l'aide d'un mouvron on mélange le jus, et les employés en prennent un échantillon dans une éprouvette. Le jus est ramené à la température de 15° centigrade, après quoi les employés de service en constatent la densité. La densité étant constatée, le compte du fabricant est débité de la quantité de sucre que la chaudière est censée devoir donner au un travail régulier, et qui est fixée à 1 kilog. 500 grammes par hectolitre de la chaudière et par degré de densité constatée.

C'est ce qu'on appelle le système de l'abonnement.

Si la chaudière à mesurer a une contenance de 20 hectolitres, par exemple, et que la densité du jus ait été reconnue à 1,040 grammes par litre, ou 4 degrés, le compte du fabricant sera débité de $20 \times 4 \times 1,500 = 120$ kilog. de sucre à 45 francs les 100 kilogrammes.

Les fabricants qui font usage de l'osmose payent une surtaxe de 6 %, soit 1,590 grammes; ceux qui emploient l'élution, une surtaxe de 8 %, soit 1,620 gr.

Les sucres bruts importés en quantités de 500 kilogrammes au moins peuvent être emmagasinés : 1° sous terme de crédit pour l'accise; 2° par dépôt dans les entrepôts.

La décharge d'accise n'est accordée aux sucres indigènes au-dessous du n° 10 que pour une quantité réduite proportionnellement aux rendements fixés par le procès-verbal du 20 septembre 1866 (arrêté royal du 16 mars 1867.)

Elle est refusée aux sucres raffinés mélangés de sucres bruts ainsi qu'aux exportations en quantité inférieure à 100 kil. pour les candis et 200 kil. pour les autres raffinés.

Pour donner une idée complète du mécanisme adopté en Belgique pour la perception du droit d'accises sur le sucre, nous devons mentionner l'existence de ce qu'on appelle le minimum de recette.

D'après la législation belge, le Trésor *doit* percevoir chaque trimestre au moins 1,800,000 fr., du chef des droits sur les sucres. Si la recette trimestrielle est supérieure, tout est bien. Mais si elle est inférieure, tous les industriels, fabricants et raffineurs, qui, à la fin du trimestre, se trouvent être débiteurs à terme envers l'État, doivent payer immédiatement leur part dans le manquant en proportion chacun du montant de son débit. C'est un payement par anticipation sur ce que les fabricants ne devaient au Trésor qu'à terme ; et par cela même il leur est enlevé la faculté d'exporter la quantité de sucre afférente à la somme ainsi payée, car le Trésor belge ne restitue jamais, et pour pouvoir exporter avec décharge des droits il faut être débiteur envers l'État.

Les Permis d'exportation.

Il se fait, depuis quelques années, en Belgique, un grand trafic des certificats résultant de la législation.

Le fabricant s'acquitte de trois manières vis-à-vis du Trésor du montant de sa prise en charge :

1° En exportant lui-même ou en faisant exporter par un négociant ses propres sucres avec le permis d'exportation que lui délivre l'agent du Trésor (receveur de sa commune) ; 2° en acquittant, en espèces, à l'échéance de son crédit, le montant de ces droits ; et 3° en transférant sur le compte d'un raffineur, le montant des droits des sucres vendus à ce raffineur.

Le crédit du fabricant est de six mois. Le 15 de chaque mois, on relève la quantité de sucre produite pendant la quinzaine écoulée ; le fabricant est débiteur à terme de base de cette quantité au taux de 45 fr. les 100 kil., et il a six mois pour s'acquitter.

Lorsque le fabricant transfère le montant des droits sur le compte d'un fabricant raffineur, celui-ci a, de nouveau, six mois à partir du jour du transfert pour s'acquitter vis-à-vis de l'État.

Le raffineur s'acquitte envers l'État ou par l'exportation de sucres raffinés, ou par le payement en espèces à l'échéance des obligations souscrites par lui. Dans le cas où son exportation, pendant la durée du crédit, n'éteint pas le montant de celui-ci, il verse la différence en espèces.

Voici, maintenant, comment est né le trafic des certificats :

Les fabricants produisent, en réalité, une plus grande quantité de sucre que celle indiquée par la prise en charge; de là les excédants. Or, l'État n'accorde des permis d'exportation que pour la quantité de sucre constatée par la prise en charge ; le fabricant serait donc obligé de vendre ses excédants en consommation, mais il évite cette vente en achetant à des raffineurs les permis d'exportation qui lui manquent.

Exemple : Un raffineur doit, à six mois, une somme de droits de 100,000 fr. Le prix des sucres livrés à la consommation étant supérieur à celui obtenu à l'exportation, il n'en exporte que pour 40,000 fr. Il lui reste ainsi des droits pour une somme de 60,000 fr. qu'il peut céder au fabricant contre une prime variant de 3 % à 20 %, suivant qu'il y a plus ou moins d'excédants et suivant que le raffineur a plus ou moins exporté de pains.

Tares

Sucres bruts. — Emballages en bois (caisses, futailles, etc.)	100 kil.	13 kil.
— — Canastres	—	8 —
— — Autres emballages : doubles	—	4 —
— — — simples	—	2 —

Pour les sucres de betteraves et pour les sucres importés dans des emballages autres que ceux qui sont en usage pour les sucres exotiques, les droits sont perçus au poids net.

PAYS-BAS

Florin. . . . . . . = 2 fr. 10 c. | Cent. . . . . . . = 0 fr. 02 c. 1.

Impôt.

Les droits sont fixés comme suit (Loi du 2 juin 1865, modifiée par l'arrêté du 14 mars 1867).

1° Sucres raffinés et sucres assimilés aux sucres raffinés :

	Par 100 kil.	
Candi (1) . . . . Fl.	28 89	Fr. 60 67
Mélis, lumps, sucres cassés, pilés en poudre ou en grains, au-dessus du n° 20, Java.	27 »	56 70
2° Sucres bruts : 1re classe (15 à 19 inclus)	25 38	53 30
— — 2e — (10 à 14 inclus)	23 76	49 90
— — 3e — (7 à 9 inclus)	21 60	45 36
— — 4e — (au-dessous du n° 7)	18 09	37 99
Classe exceptionnelle au-dessus de la 1re (19 à 20)	25 38	53 30
3° Vergeoises (comme les sucres bruts).		
4° Mélasses ayant au moins 50 % de richesse saccharine	6 »	12 60

Tarif des douanes.

Depuis 1862, les sucres bruts, et, depuis 1865, les raffinés, n'acquittent plus de droit de douane. Ces sucres payent des droits d'accise comme ci-dessus.

Drawback.

La décharge d'accise ou drawback, *égale au montant du droit d'accise*, a été fixée par l'article 20 de la loi du 2 juin 1865.

Le tarif est fixé sur les rendements suivants, en sucres candis, mélis, lumps, cassés, pilés et turbinés en poudre, au-dessus du type n° 20 :

			Droits correspondants :	
1re classe, 15 à 18, ... rendement	94 %	Fl. 25 38	Fr. 53 30
2e — 10 à 14, ... —	88 %	23 76	49 90
3e — 7 à 9, ... —	80 %	21 60	45 36
4e — au-dessous 7, ... —	67 %	18 09	37 99
Classe exceptionnelle	Ne donne pas de drawback à l'exportation.		

OBSERVATIONS

L'impôt (accise) est perçu dans les fabriques de sucre de deux manières, au choix du fabricant, savoir :

1° Par l'abonnement de la prise en charge, fixée à raison de 1,635 grammes de sucre par hectolitre et par degré de jus à la température de 15 degrés centigrades ; c'est le mode préféré dans 24 fabriques sur 25 ;

2° Par l'exercice, que taxe le sucre à raison de la quantité réellement produite. Une seule fabrique est exercée.

Les fabricants qui font usage de l'osmose payent une surtaxe de 5 1/2 %.

Le compte du raffineur est liquidé tous les mois ou toutes les six semaines par l'exportation de raffinés (par quantités d'au moins 100 k. candi et 200 k. autres sucres), ou par l'acquittement des droits.

L'article 3 de la loi du 8 juin 1868 réduit au taux fixé pour les sucres bruts de la 1re classe, l'accise sur les sucres bruts et vergeoises de la classe exceptionnelle, quand ils sont déclarés pour la consommation. Les sucres de cette classe, dite *exceptionnelle*, ne sont employés qu'en petites quantités par les raffineries de candis travaillant pour la consommation intérieure.

Les sucres bruts et vergeoises, intermédiaires entre deux classes, sont réputés appartenir à la classe inférieure.

Les sucres bruts, mous (humides) à l'importation, et les vergeoises à l'exportation, obtiennent un déclassement sur les types de un à deux numéros, suivant leur degré d'humidité.

Tares et conditions de vente.

Sucre Java	en paniers . . . . 8 % tare	simple futaille	1 % Enregistration.
	— nattes ou sacs . . . 2 —	— simple futaille	Comptant 1 1/2 %.
	4 —	— double	
— Havane . . . . — caisses . . . . 18 —			
— Brésil . . . . 20 —			
— — en boucauts et barils . . . . 15 —			Comptant 1 1/2 %.
— — sacs et nattes des colonies étrangères. 8 —	— double futaille à déduire		
— Mélis en papier . . . . Pesage brut pour net			
Autres raffinés . . . . Tare nette			Comptant sans escompte.

(1) Le gouvernement a présenté, vers la fin de l'année 1879, un projet de loi aux termes duquel les droits sur les candis seraient portés à fl. 31 86, 28 35 et 26 46, suivant la nuance, et les mêmes droits seraient respectivement accordés comme drawbacks. — En outre, pour combattre la coloration artificielle et les mélanges ayant pour but de dissimuler la teneur réelle des sucres, les droits à l'importation seraient établis d'après la valeur intrinsèque des sucres déterminée par l'analyse chimique.

ALLEMAGNE

1 Thaler = 30 sibgr........	= 3f 75°	1 Pfennig	=	0f 012° 5
1 Silbgr..............................	= 0.12.5	1 Quintal.................................	=	50 kil.
1 Reichsmark	= 1.25	1 Livre...................................	=	500 gr.

Impôt.

L'impôt est prélevé non sur le sucre, mais sur le poids des betteraves nettoyées. Il est de 80 phennige par quintal (2 fr. par 100 kil.). On calculait, en 1867, qu'il fallait 1,250 kil. de betteraves pour produire 100 kil. de sucre. Cet impôt représentait ainsi, par 100 kil. de sucre brut.................................... Fr. 25 »

Tarif des douanes.

Les droits d'entrée sont fixés comme suit par la loi du 26 juin 1869 :		50 k.		100 k.	
1° Sucres raffinés et sucres blancs du type hollandais n° 19 et au-dessus............	Rmk.	15	» ou fr.	37	50
2° — bruts au-dessous du type n° 19..	—	12	» —	30	»
3° Sirop pour la consommation..	—	7	50 —	18	75
4° Mélasse pour la distillation..		Exempte.			

Drawback.

A l'exportation, les droits ci-après sont remboursés :

1° Sucres candis, sucres en pains entiers, blancs, durs, sucres en plaques blancs, entières, dures, pesant net jusqu'à 25 livres (12 k. 500 gr.) ou réduits en morceaux		50 k.		100 k.	
en présence des employés des contributions..................................	Rmk.	11	50 ou fr.	28	75
2° Sucre blanc, dur, sec (ne contenant pas plus de 1 °/° d'eau), cristallisé en grumeaux ou en poudre, marquant au polarimètre 98 °/° ou plus....................	—	10	80 —	27	»
3° Sucre brut, marquant moins de 98 °/°...	—	9	40 —	23	50

OBSERVATIONS

Le poids des betteraves, pour la perception de l'impôt, est constaté à leur entrée en fabrique, sur des bascules ordinaires avec ou sans compteur automatique. Un employé du fisc se trouve près de cette bascule et annote le résultat de chaque pesage.

Le fabricant a le droit de laver les betteraves, de couper le collet et les parties contenant peu de sucre, et de les faire sécher à la température ordinaire.

La fabrication est entièrement libre.

Un crédit de six mois est accordé aux fabricants, contre cautionnement.

Le droit sur la mélasse, fixé à 18 fr. 75 par 100 kil., représente plus de la moitié du droit sur le brut.

Les sucres bruts se classent, en Allemagne, de deux manières : à l'exportation d'après le polarimètre ; à l'importation d'après la nuance.

Tares.

A. — A L'IMPORTATION DES SUCRES RAFFINÉS EN PAINS, CANDIS, SUCRE CASSÉ OU VERGEOISES :

Tonneaux avec douves en bois de chêne ou autre bois dur..	14 °/°
— autres bois...	10 °/°
Caisses..	13 °/°
Paniers..	7 °/°

B. — A L'EXPORTATION DES SUCRES BRUTS, SUCRE EN FARINE OU PILÉ :

Tonneaux avec douves en bois de chêne ou autre bois dur.........................	13 °/°
— autres bois...	10 °/°
Caisses...	13 °/°
Canassers, kranjangs ou autres emballages en osier, en usage hors d'Europe........................	8 °/°
Autres paniers..	7 °/°
Balles...	4 °/°

C. — MÉLASSES OU SIROPS en barils ou tonneaux................................... | 11 °/°

AUTRICHE-HONGRIE

(florin = 100 kreuzer .... = 2'46° 0 | 1 Kreutzer .... = 0,03.46

Impôt (accise).

L'impôt est établi sur la betterave et non sur le sucre.

Cet impôt est fixé à 0 florin, 73 kreutzer (1 fr. 80) par 100 kilogr. de betteraves, soit au rendement de 8 °/₀ par 100 kil. de sucre.. 22 fr. 50 c.

La loi du 27 juin 1878, exécutoire à partir du 1ᵉʳ août 1878, astreint les fabricants à garantir à l'État un revenu net, savoir :

Pour 1878-79 (du 1ᵉʳ août 1878 au 31 juillet 1879)........................ 6,000,000 fl. = 14,814,000 fr.

— 1879-80, 500,000 fl. en plus, et ainsi de suite pour les campagnes suivantes à raison de 500,000 fl., chaque campagne, jusqu'au chiffre de fl. 10,500,000, qui sera atteint en 1887-88.

L'impôt sur la betterave sèche est le quintuple de celui de la betterave verte.

Tarif des douanes.

Les sucres importés de l'étranger en Autriche acquittent, d'après la loi du 27 juin 1878, en vigueur depuis le 1ᵉʳ janvier 1879, les droits de douanes ci-après, en or, par 100 kil. :

	Florins.	Kreutzer.	fr. c.
Sucre raffiné et sucre brut du type hollandais n° 19 ou au-dessus....................	20	»	49 38
Sucre brut au-dessous du type hollandais n° 19, glucose, etc., matières sucrées ou incristalisables à l'état solide...	15	»	37 04
Mélasse, sirop, glucoses et matières incristallisables à l'état liquide..................	6	»	14 81

L'impôt de consommation est compris dans ces droits.

Drawback.

L'art. 9 de la loi du 27 juin 1878 règle comme suit la restitution des droits de douane ou de l'impôt sur la fabrication, à l'exportation des sucres, sans distinction d'origine, savoir :

Sucre raffiné de toute sorte, polarisant 99 1/2 degrés ou plus........................	11 18	27 60
— — polarisant entre 92° et 99 1/2............................	9 10	22 47
— — — moins de 92°................................	pas admis au drawback.

OBSERVATIONS

Les fabriques de sucre sont placées sous le contrôle de l'administration des finances. Tout changement dans le travail, toute extension ou augmentation du nombre des appareils sont défendues pendant la fabrication; les pénalités sont très-lourdes. Il est interdit d'interrompre le travail pendant plus de vingt-quatre heures, si cette interruption doit donner lieu au remboursement de l'impôt.

Le fabricant doit avoir en mains, avant de commencer le travail, une déclaration constatant que le mesurage des appareils a eu lieu ; que toutes les autres formalités requises ont été remplies et qu'il a acquitté l'impôt pour le premier mois de travail. En conséquence, il doit déclarer, au moins trois jours avant la mise en route, la quantité de betteraves à travailler ; il doit, en outre, acquitter l'impôt pour cette quantité, en ayant soin de renouveler les mêmes formalités avant chaque nouveau mois de travail.

L'impôt se paie à six mois par engagements cautionnés. Le paiement au comptant s'opère en papier ou en argent, le papier étant au pair depuis quelques années ; les paiements en or jouissent d'un agio d'environ 14 °/₀. Le drawback est remboursable dans les six mois de l'exportation.

Les sacs de sucre brut pour l'exportation doivent avoir comme poids net 100 kil. et comme tare 1 °/₀ du poids brut.

Les échantillons sont envoyés dans des bouteilles afin d'être polarisés. Il est accordé une tolérance de 1/2 °/₀ dans la polarisation, c'est-à-dire que 92 peut descendre à 91 1/2 et 99 1/2 à 99 °/₀.

Le fabricant doit indiquer, par une déclaration spéciale, le jour où il termine. L'Administration prend alors les mesures nécessaires pour empêcher le service des presses, diffuseurs et autres appareils, soit en les mettant sous scellés, soit de toute autre manière.

Les fabriques montées avec des presses hydrauliques ou des batteries de diffusion, sont imposées exclusivement d'après la puissance du travail de ces appareils ; celles montées avec d'autres systèmes d'extraction sont imposées d'après le poids des betteraves travaillées, poids déterminé par un pesage. Lorsque l'expérience a permis d'établir avec certitude la puissance de travail de ces appareils, ces fabriques rentrent alors dans la catégorie des usines à presses hydrauliques ou batteurs de diffusion.

Le ministre des finances fait connaître tous les ans, au 1ᵉʳ juin au plus tard, les coefficients propres à déterminer le travail de ces appareils d'extraction. C'est à la quantité de betteraves obtenue par ces coefficients que s'applique l'impôt de 0 fl., 73 kr. (1 fr. 80 par 100 kil.)

Lorsque le minimum de revenu fixé par la loi n'est pas atteint, les fabricants doivent couvrir le déficit au prorata de l'impôt dont leur travail a été frappé pendant la campagne. L'excédant qui pourrait se produire viendrait en déduction sur l'année suivante. Le revenu net est obtenu en déduisant du produit de l'impôt des sucreries les sommes qui correspondent aux arrêts de fabrication, dérangements, etc., en ajoutant à la somme restante le produit des droits d'entrée et en retranchant les sommes restituées à l'exportation.

Tares.

Sucres raffinés en pains, en morceaux et candis, en tonneaux avec douves en bois dur				14 %
—	bruts et poudres en caisses et en fûts en bois dur			13 %
—	—	—	en autres futailles	10 %
—	—	—	en canastres, kranjangs ou autres emballages tressés en joncs, etc	8 %
—	—	—	en autres paniers ou corbeilles	7 %
—	—	—	en balles	4 %
Sirops et mélasse en tonneaux				11 %

Régime des Sucres en Autriche-Hongrie. — Législation

Loi du 27 juin 1878

Concernant l'impôt sur le sucre de betterave, applicable à tous les pays d'Autriche-Hongrie, à l'exception de la Dalmatie et des pays exclus de la douane autrichienne, soit l'Istrie, Triest et Brody.

TARIF DES DROITS DE CONSOMMATION.

Art. 1er. — Le tarif actuel des droits de consommation sur le sucre de betterave est maintenu.

ASSIETTE ET PERCEPTION DE L'IMPÔT.

Art. 2. — 1° A partir du 1er avril 1878 et sous l'abrogation de la loi du 18 octobre 1865, les droits de consommation seront établis dans les fabriques de sucre qui emploient des presses hydrauliques ou des batteries de diffusion sur les quantités de betteraves que l'outillage permet de mettre en œuvre, quantités calculées d'après la puissance, la dimension de la capacité des appareils d'extraction.

Si d'autres appareils d'extraction viennent en usage, on pèsera les betteraves employées, dans les usines où ces appareils seront installés, aussi longtemps qu'il faudra pour être fixé d'une manière certaine sur la puissance et la capacité de ces appareils.

2° La base des droits perçus d'après la puissance et la capacité de l'outillage sera réglée de telle façon, par le ministre des finances sur le rapport des experts, que, dans les limites du fisc autrichien-hongrois, le Trésor fasse sur le sucre une recette minimum pour l'exercice 1878-1879 de 6,000,000 fl. et pour chaque exercice suivant une augmentation de 500,000 fl. jusqu'à concurrence de 10,500,000 fl.

Une élévation de la base de la puissance ou de l'importance du travail journalier des appareils ne pourra avoir lieu, lorsque pendant l'exercice en cours, on aura acquis la certitude que le rendement prévu sera atteint pendant l'exercice suivant.

Mais ceci n'exclut pas, pour l'exercice suivant, la régularisation de cette base en vue d'une répartition plus juste de l'impôt d'après la puissance des appareils d'extraction.

L'exercice s'étend du 1er août d'une année à fin juillet de l'année suivante. Le revenu net de l'impôt du sucre est obtenu en déduisant du produit de l'impôt des exercices les sommes qui correspondent aux arrêts de fabrication, dérangement dans le travail, etc ; en ajoutant à la somme restante le produit des droits d'entrée et en retranchant les sommes restituées à l'exportation.

Art. 3. — Si le revenu net fixé pour une campagne n'est pas atteint, les fabriques devront couvrir le déficit par un payement postérieur, réglé de telle sorte que chacune d'elles payera proportionnellement à l'impôt principal dont elle aura été grevée. Cet impôt s'obtient en déduisant de la somme totale les restitutions pour dérangements ou arrêts de fabrication. Ce payement postérieur n'est dû qu'un mois après les déclarations officielles.

Si un exercice donne un excédant de recettes, cet excédant sera employé à couvrir le déficit de l'exercice suivant, s'il y a déficit.

RÈGLEMENT CONCERNANT L'IMPÔT D'APRÈS LA CAPACITÉ DES APPAREILS.

Avec l'impôt d'après la capacité des appareils, les arrêtés ministériels du département des finances du 7 septembre 1850 et du 28 novembre 1849 ont subi les modifications suivantes :

1° Pour chaque exercice, la base du travail journalier des appareils d'extraction sera annoncée au plus tard le 1er juin avant le commencement de l'exercice.

2° Pendant le cours de l'exercice les appareils d'extraction ne pourront ni être changés, ni employés d'une autre manière que celle indiquée au début. Ces appareils ne pourront pas non plus être remplacés par d'autres identiquement semblables, sauf dans le cas d'accidents ou d'avaries dont on aura alors à prévenir l'administration.
Toute contravention à cet égard sera punie d'une amende de 100 à 2,000 florins.

3° Dans les déclarations faites par les fabricants, on n'admettra en déduction des jours ouvrables, que les dimanches et les jours fériés généralement reconnus. Cependant, pour les fêtes de Noël on peut accorder une quinzaine.
Si le travail n'est pas commencé le premier jour du mois de l'exercice ou s'il est terminé avant la fin du dernier mois de l'exercice, on tiendra compte aux fabricants de cette différence.
Les jours commencent et finissent à 6 heures du matin. Les fractions de jours sont comptées pour des journées entières de 24 heures.

4° Une diminution de travail pendant l'exercice ne donne aucun droit à une réduction de l'impôt. Mais si pour une raison quelconque de force majeure, le fabricant est obligé d'arrêter son travail complètement pendant 24 heures au moins, l'administration lui en tiendra compte, à la condition toutefois qu'elle en soit prévenue en due forme et en temps utile.

RÈGLEMENT CONCERNANT L'IMPÔT PERÇU SUR LES BETTERAVES PESÉES EN NATURE.

Art. 4. — En ce qui concerne les fabriques de sucre dans lesquelles, suivant l'article 2, l'impôt est calculé sur le poids des betteraves pesées en nature, les arrêtés ministériels du 7 septembre 1850 et du 28 novembre 1849 ont subi les modifications suivantes :

1° Les fabricants sont obligés de loger convenablement les employés du fisc, en leur donnant au moins deux chambres chauffées et une cuisine dans les bâtiments ou dépendances de l'usine, ainsi qu'une petite pièce pouvant servir de bureau, meublée d'une table et de quelques chaises. Le prix de la location de ces pièces est débattu entre les fabricants et les employés du fisc. Dans le cas où ceux-ci ne tomberaient pas d'accord, le commissaire de police de l'endroit est chargé d'intervenir comme arbitre ;

2° En pesant les betteraves, il n'est pas permis de mettre plus de trois quintaux métriques à la fois sur la bascule ;

3° Il n'est accordé aucune tare pour les betteraves non lavées qui se présentent à la bascule ;

4° Lorsque dans une fabrique, dans le courant du mois, on travaille moins de betteraves que les quantités annoncées au début, l'administration tiendra compte au fabricant de la différence ;

5° Le fisc a le droit de faire prendre, sur les livres de la fabrique, telles notes qu'il jugera nécessaire pour connaître le rendement de la betterave et l'écoulement des sucres.

ÉCHÉANCE DE L'IMPÔT ET CRÉDIT ACCORDÉ AUX FABRICANTS.

Art. 5. — L'impôt de consommation sur la betterave à sucre est dû le mois même de la déclaration. Les fabricants qui sont à même de fournir un cautionnement satisfaisant, peuvent obtenir un crédit pour le paiement de l'impôt de six mois, à dater de l'échéance.

OBLIGATION PERSONNELLE DU PAYEMENT DE L'IMPÔT.

Art. 6. — Le paiement de l'impôt doit être fait par l'entrepreneur de l'usine.

AUGMENTATION DE L'IMPÔT POUR LES QUANTITÉS NON DÉCLARÉES OU DIFFÉRANT DE CELLES DÉCLARÉES.

Art. 7. — Le gérant d'une fabrique de sucre est responsable des différences survenues dans son usine entre les quantités travaillées et celles déclarées.

AMENDE DES FABRICANTS DE SUCRE.

Art. 8. — Les amendes pour contravention aux règlements concernant la fabrication du sucre et l'impôt sur cet article, viennent directement à la charge des entrepreneurs de la fabrique.

RESTITUTION DES DROITS A L'EXPORTATION [DRAWBACKS].

Art. 9. — A dater du 1er août 1878, les droits sur les sucres indigènes ou coloniaux exportés en quantités de 500 kil. au moins, seront remboursés par l'Etat, moyennant des obligations payables à six mois et par 100 kil., comme suit :

A. Sucres en pains entre 99 1/2 et 92 de polarisation 9 Fl. 10.
B. — — au-desssus de 99 1/2, polarisation 11 Fl. 18.

Arrêté du ministre des finances du 28 juin 1878
Concernant les dispositions pour l'exercice 1878-1879.

Art. 10. — *Batteries de diffusion.* — 1° Les batteries de diffusion, composées de *neuf* vaisseaux au moins et de *onze* vaisseaux au plus, auront une puissance de travail calculée à raison de 1,100 kilog. de betteraves vertes, par 24 heures et par hectolitre de capacité, la capacité étant mesurée par empotement ;

2° Pour les batteries de diffusion composées de moins de neuf vaisseaux, on calculera la puissance du travail à raison de 1,100 kilog. de betteraves vertes par hectolitre et par 24 heures, et le nombre d'hectolitres de la batterie sera obtenu comme si la batterie se composait de neuf vaisseaux, mais en prenant pour capacité moyenne d'une diffusion la capacité réelle. Si, par exemple, on a une batterie de huit diffuseurs ayant en moyenne $22\frac{25}{100}$ hectolitres chacune, le volume total admis par la loi. $22\frac{25}{100} \times 9 = 200\frac{25}{100}$;

3°. Dans les batteries de diffusion de plus de onze diffuseurs, le reste de la division par 9 du nombre existant, sera soumis aux dispositions du paragraphe n° 2, comme s'il s'agissait d'une batterie de moins de 9 diffuseurs.

PRESSES HYDRAULIQUES.

I. — La puissance du travail des presses hydrauliques est calculée d'après le volume d'une pile et le nombre de presses par 24 heures ;

II. — La quantité de betterave en poudre représentée par le volume total des presses est calculée à raison de 1 kilog. de betterave par 1790 centimètres cubes ;

III. — Suivant le nombre de pompes, le nombre de presses desservies par une pompe, la taxe est augmentée de 10 ou 20 ou 30 %; un tableau publié par le ministère indique le nombre de pressées faites avec une presse de dimension donnée. Ainsi, une presse dont la pile a 2300 cent. carrés de surface sur 95 cent. de haut, est supposée fournir, d'après le tableau, 135 pressées.

Il n'y a qu'un très-petit nombre d'usines pourvues de presses. La diffusion est le mode d'extraction pour ainsi dire exclusif.

MESURE PRISE EN VUE DU PAYEMENT POSTÉRIEUR.

Pour assurer les payements postérieurs à opérer dans le cas où le revenu net de six millions de florins ne serait pas atteint, chaque fabricant imposé d'après la puissance du travail des appareils devra verser, avant l'ouverture de la campagne 1878-79, une somme égale à 15 % de la somme totale de son impôt pour 120 jours de travail.

Arrêté du ministre des finances du 26 mai 1879

Concernant la base de l'impôt d'après la capacité des appareils d'extraction pour la campagne sucrière de 1879-80, et le supplément d'impôt lorsque le revenu n'atteindrait pas le montant fixé au budget.

D'accord avec le ministère des finances de Hongrie, et en vertu du paragraphe 2 de la loi du 27 juin 1878, nous arrêtons :

1° Pendant la campagne 1879-80, l'impôt sur les betteraves destinées à la fabrication du sucre, sera calculé d'après la capacité des batteries de diffusion ou des presses, en vertu de la loi du 27 juin 1878, mais sur la base de 1,800 kilogrammes de betteraves fraiches par hectolitre et par jour pour les appareils à diffusion, et avec une augmentation de 40 % pour les presses;

2° Les fractions du quintal métrique qui se présentent pour le poids journalier des betteraves peuvent être supprimées.

De concert avec le ministère des finances de Hongrie et en vertu du paragraphe 2 de la loi du 27 juin 1878, nous arrêtons également, qu'en prévision d'un supplément d'impôt dans le cas où le chiffre de 6,500,000 florins, porté au budget, ne serait pas atteint pendant la campagne 1879-80, chaque directeur de fabrique aura à journir caution pour une somme s'élevant à 25 %, du montant de l'impôt qu'il aura à payer pendant 120 jours de travail.

RUSSIE

1 Rouble = 100 Kopeks	= 3 fr. 95	1 Pond	40 livres	= 16 kil. 381 gr.
1 —	= 0 39,5	1 Berkowetz	10 poud	= 163 kil. 810 gr.
1 Wedro	= 12 litres 920		1 livre	= 0 kil 409 gr

Impôt (accise).

L'impôt sur le sucre de betterave a été fixé, par un arrêté du ministre des finances du 1er avril 1875, à raison de 70 kopeks par poud de sucre, soit au pair à 3 fr. 95............................. par 100 kil. 16 fr. 94 c.

L'impôt est basé sur l'évaluation de la quantité de sucre obtenue suivant le nombre des appareils d'extraction pour les fabriques qui emploient les presses, et suivant la contenance des diffuseurs pour les fabriques qui travaillent par la diffusion, d'après les indications ci-après.

L'impôt est payable en or.

Tarif des Douanes (Décret du 10 juin 1872)

Sucre brut non raffiné, ainsi que tout sucre en poudre, ne contenant pas de sucre en blocs ou en morceaux.......................... le poud 2 roubles les 100 k. 48 fr. 23

Sucre raffiné, mélis, lumps et sucre candi en blocs ou en morceaux et en pains.......................... — 3 — — 72 fr. 34

Les droits de douane sont payables en or.

Drawback.

Le drawback établi le 19 octobre 1876, était fixé comme suit :

	Le poud.	100 kil.
1° Sucre blanc, raffiné et en poudre......................... Kopeke	80	Fr. 19 29
2° — de qualité moyenne, d'une nuance intermédiaire entre le blanc et le jaune......................... —	75	18 08
3° — jaune......................... —	45	10 85

Ce régime, d'abord maintenu jusqu'au 1er août 1877, fut prorogé jusqu'au 1er octobre 1878 et, ensuite, successivement jusqu'au 28 avril, au 31 juillet 1879 et, enfin, jusqu'au 1er août 1880, avec les réductions ci-après :

1° Sucre blanc, raffiné et en poudre......................... Kopeke	65	Fr. 15 67
2° — de qualité moyenne, entre le blanc et jaune......................... —	55	13 26
3° — jaune......................... —	35	8 44

OBSERVATIONS

Pour établir la quantité de betteraves pouvant être travaillée pendant vingt-quatre heures, on admet, pour chaque presse, 85 berkowetz, et, pour les diffuseurs, 13 berkowetz par 100 wedros de volume.

Le rendement des betteraves est établi par zones de culture et comme suit :

7 °/₀. — 1re zone. Gouvernements de Kieff, Podolie, Wolhynie et royaume de Pologne ;
6.5 » - 2° — Gouvernements de Charkow, Poltawa, partie du gouvernement de Tschenagow ;
6 » — 3° — Autres gouvernements.

Le rendement en sucre brut est calculé d'après les moyennes suivantes, qui offrent un avantage aux petites fabriques, dites agricoles (1) :

	FABRIQUES A DIFFUSION.		FABRIQUES A PRESSES.	
	Industrielles.	Agricoles.	Industrielles.	Agricoles.
Région n° 1. — 32 livres		30 livres.	30 livres.	28 livres.
— n° 2. — 30 —		28 —	28 —	26 —
— n° 3. — 28 —		26 —	26 —	24 —

Les nombres affectés à la puissance de travail des appareils est susceptible de variation. On force les chiffres lorsque le minimum de l'impôt fixé chaque année depuis 1872 n'est pas atteint. Ce minimum est pour 1879, de 6,500,000 roubles (fr. 25,675,000).

Le travail est entièrement libre. — Les appareils sont décachetés au début de la campagne par la police locale ou par l'employé de la régie. L'enlèvement d'un appareil exige des nouvelles mesures de garantie, de même que l'addition d'un appareil.

Tares

Tonneaux en bois léger et si le poids brut atteint au moins 25 pouds.........................	7 °/₀
— lourd.........................	9 °/₀
Sacs simples.........................	2 °/₀
— doubles.........................	4 °/₀
— triples.........................	6 °/₀

NOTA.— A l'exportation du sucre raffiné en Perse et la Turquie d'Asie, en *woihilobehaltern*, le poids net sera déterminé par le pesage ; mais si cette catégorie de sucre est emballée dans des caisses ne pesant pas plus de 5 1/2 puds, il y a lieu de compter 28 °/₀ de tare.

Ces tares sont susceptibles de modification ou d'addition par arrêtés du ministre des finances.

---

(1) Sont considérées comme fabriques *agricoles* celles où ne fonctionnent pas plus de deux presses à effet accéléré, ou bien d'autres presses et appareils dont le nombre et les dimensions sont tels que leur travail ne dépasserait pas celui de deux presses à effet accéléré.

ITALIE

1 Lire	1 fr.	1 Centesimi	0 fr. 01 c.

Impôt (accise).

Les sucres fabriqués dans le pays sont soumis au droits ci-après, fixés par la loi du 25 juillet 1879, payables en espèces métalliques :

			lires.	c.	fr.	c.
Sucre brut	Par 100 kil.		32	20	32	20
— raffiné	—		37	40	37	40

Tarif des douanes.

Droits d'entrée fixés par la loi du 25 juillet 1879, paiement en or :

Sucre brut	Par 100 kil.		53	»	53	»
— raffiné	—		66	25	66	25
Confitures et conserves	—		70	»	70	»
Chocolat	—		85	»	85	»

Drawback.

Il n'y a pas de décharge de droits pour les sucres bruts ou raffinés. La loi du 25 juillet 1879 a fixé, à partir du 1er janvier 1880, les drawbacks à l'exportation des fruits confits, confitures, chocolats, et autres produits renfermant du sucre, de la manière ci-après par 100 kilogr. de ces produits exportés, et en tenant compte du sucre employé :

			lires.	c.	fr.	c.
Fruits confits à la manière portugaise ou parisienne	Par 100 kil.		42	42	42	40
— — marseillaise (jalep)	—		31	80	31	80
— — en cartons, n'ayant pas reçus la dernière cuisson	—		31	80	81	80
Marrons glacés	—		15	90	15	90
Confitures	—		39	70	39	70
Chocolat sans cannelle	—		60	20	60	20
— avec —	—		63	20	63	20
Citrons candis, oranges et écorces confites de ces fruits	—		42	40	42	40

OBSERVATIONS

Le régime des fabriques de sucre indigène est le même qu'en France, mais simplifié.

Les impôts et les droits sont acquittés au comptant.

Les fabriques et les raffineries sont astreintes à la surveillance permanente des employés des finances qui contrôlent le travail industriel dans chaque établissement afin de préciser la quantité de sucre soumise à l'impôt.

Tares.

(Décret du 2 février 1880.)

Art. 1er. — Le poids net légal résulte de la déduction des tares suivantes, sur chaque quintal brut, pour sucre :

Fûts, barils, tonneaux, caisses et autres futailles (*botti, botticelli, caratelli*)..... 8 kilog.
Grandes caisses de bois lourd (*cassoni*)................................... 15 —
Paniers de jonc des Indes...................................... 5 —
Nattes en jute doubles (*bastmatten*)............................ 5 —

Lorsque la marchandise est logée dans des enveloppes différentes, dont les tares ne sont pas les mêmes, l'impôt sera perçu sur le poids brut. Lorsqu'elle est logée dans des emballages doubles, sauf les exceptions spécialement indiquées au tarif, on déduira d'abord l'emballage extérieur et ensuite, si c'est le cas, la tare légale.

Le poids des récipients et autres emballages est établi exactement par la pesée d'un colis ; pour les autres colis, on admet la même proportion.

Art. 2. — L'importateur peut exiger, par une déclaration écrite, que le droit soit prélevé sur le poids net légal au lieu du poids net réel.

Art. 3. — Dans tous les cas, on prélèvera un droit sur les emballages, lorsqu'il s'agira de caisses neuves ou d'autres enveloppes particulières qui pourront se présenter, et qui ne sont visiblement pas destinées à servir d'emballages à la marchandise qu'elles contiennent, mais qui font l'objet d'une spéculation.

Nota. — La tare sur les sucres raffinés en boucauts, futailles, fûts ou caisses a été fixée par la loi du 2 juin 1877 à 6 %, et pour les sucres de toute espèce en sacs, à 1 %.

ÉTATS-UNIS

1 Dollar = 100 cents	= 5f18c 27	1 Tonneau = 907 kil.
1 —	= 0 05 18	1 Quintal = 48k354c
1 Gallon	= 3 lit. 785	1 Livre = 453c54c

Tarif des douanes (*Loi du 25 décembre 1876.*)

		La livre.		100 kil.
Sucres bruts ou moscovades :				
— non supérieur en nuance au type hollandais n° 7		2 cents	1875	24 97
— au-dessus du n° 7 mais pas au-dessus du n° 10		2 —	50	28 55
— — — 10 — — — — 13		2 —	8125	32 09
— — — 13 — — — — 16		3 —	4375	39 25
— — — 16 — — — — 20		4 —	0625	46 39
— — — 20 et raffiné en pains, lumps, poudre, pulvérisé ou morceaux.		5 —	»	57 »
Sirop, Melado		1 —	8750	21 51
Mélasse	par gallon	6 —	25	l'hectol. 8 55

Une décision ministérielle du 19 juillet 1879 a appliqué la polarisation à la perception du droit d'entrée, en fixant les limites suivantes :

Sucre au-dessous du n° 7 comme nuance, pas plus de	90 %	polarisation.
— du n° 7 au n° 10 —	94 %	—

Un second arrêté, en date du 2 septembre 1879, a modifié ces bases en stipulant que la polarisation serait faite non plus sur le sucre humide, mais bien sur la substance sèche restant après évaporation de l'eau à l'étuve. Les nouvelles limites sont :

Sucre au-dessous du n° 7 comme nuance, pas plus de	93 %	polarisation.
— du n° 7 au n° 10 —	97 %	—

Il n'y a pas de limite maximum de polarisation pour les sucres du n° 10 au n° 13 et au-dessus.

Drawback.

Depuis le 1er octobre 1877, les droits sont remboursés sur la base ci-après :

	Par 100 livres.	Par 100 kil.
1° Sucre raffiné, en pains (loaf), lumps (cut loaf), poudre, pulvérisé ou en morceaux (crushed, granulated and poudered), étuvé au four (stov dried) ou séché au moyen d'autres procédés énergiques, totalement le produit extrait du sucre étranger importé ayant payé le droit	3.18 cts.	36 34
2° Sucre raffiné blanc, dit sucre à café (refined white coffee-sugar), (1) non étuvé et au-dessus du type hollandais n° 20, totalement le produit extrait du sucre étranger importé et ayant payé le droit	2.58 cts.	29 48
3° Toutes les sortes de sucres, dits sucres à café (refined coffee-sugar), du type hollandais n° 20 et au-dessous, totalement le produit extrait du sucre étranger importé et ayant payé le droit	2.08 cts.	23 77
4° Sirop, mélasse, exclusivement obtenu par le raffinage du sucre étranger.. par gallon	6.25 cts.	l'hectol. 8 55

NOTA. — Les drawbacks sur les sucres sont susceptibles d'une réduction de 1 0/0, conformément à la loi ; celui des mélasses, de 10 0/0.

OBSERVATIONS

Le sucre produit dans le pays ne paie aucun droit ni impôt. C'est le sucre de canne de la Louisiane, le sucre de betterave obtenu dans le Maine et dans la Californie.

---

(1) Sucre dur cristallisé, avec 1 ou 2 % d'humidité.

PAYS DIVERS

Législation — Statistique

AUSTRALIE

Une prime de 5,000 liv. sterling a été offerte par le gouvernement de l'Autralie méridionale pour les premiers 5,000 tons de sucre produit à Port-Darwins.

Tarif des douanes.

Le sucre étranger importé paye un droit de : pour raffiné, 6 liv. 13 sh. 6 d. par ton (16 fr. 42 par 100 kil.); brut, 5 liv. (12 fr. 30 par 100 kil.).

CANADA (Amérique)
Tarif des douanes.

TARIF EN VIGUEUR DEPUIS LE 15 MARS 1878

	Par livre	Par 100 kil.
Sucre au-dessus du n° 14 des types hollandais............................	1 cent et 35 °/₀	15 40
— du n° 9 et pas au-dessus du n° 14..........................	0 3/4 et 30 °/₀	11 20
— au-dessous du n° 9....................................	0 1/2 et 30 °/₀	7 40
Candis..	1 cent et 35 °/₀	15 40
Glucose, mêmes droits que les sucres ci-dessus, conformément aux nuances et 35 °/₀ en plus.		
Sirop de glucose..	0 1/2 et 25 °/₀	7 10
Melados, jus de canne, mélasse raffinée............................	0 3/8 et 30 °/₀	5 60
Mélasse pour raffineries, importation directe..........................	0 3/8 et 35 °/₀	5 35
— — — indirecte........................	0 3/8 et 20 °/₀	5 60
— pour autre destination, importation directe...................	0 3/8 et 15 °/₀	4 95
— — — indirecte.................	0 3/8 et 20 °/₀	5 15

CHILI (Amérique)
Tarif des douanes.

Les sucres et cassonades (chaucaca) de toutes classes et les sirops paient, à leur importation pour la consommation, un droit de 35 °/₀ de leur valeur. (Loi du 13 sept. 1878.)

DANEMARK

1 quintal..............................	=	50 kil.	1 couronne (100 oeres)........................	=	1'38° 88
1 livre..................................	=	0 — 500 gr.	1 oere..................................	=	0 01 39
		1 shilling (ancienne monnaie)........................	=	0'00° 43	

L'importation atteint environ 15 millions de kilogr., dont 12 entrent dans la consommation, et 3 millions sont réexportés.

Impôt (accise).

L'impôt sur la fabrication du sucre indigène est fixé comme suit :

		100 kilog.	100 kilog.
1° Sucre au-dessous du type hollandais n° 18.....................	couronnes	17.25	23 fr. 96 c.
2° — au-dessus du n° 18, sous n'importe quelle forme............	—	19.71	27 38

Tarif des douanes.

		100 kilog.		100 kilog.	
Sucres candis, sucres raffinés en pains ou en plaques et toutes espèces de poudres au-dessus du type hollandais n° 18...................	couronnes	27.20		37 fr.	77 c.
Sucres bruts du n° 10 au n° 18 inclusivement....................	—	18.88		26	22
— — au-dessous du n° 10, solution sucrée, mélasse et sirops contenant plus de 25 % de sucre cristallisé.....................	—	17.21		23	90
Sirop (mélasse)...	—	9.67		13	43

Drawback

		100 kilog.		100 kilog.	
Sucres de raffinerie...	couronnes	20.52		28 fr.	50 c.
Sirop (mélasse)..	—	9.50		13	19

OBSERVATIONS

Deux fabriques de sucre de betteraves sont en activité, l'une à Odense, l'autre à Lolland. Leur production s'est élevée, en 1878-79, à 1,475,000 kilogrammes avec un rendement en sucre de 7 90 % du poids de la betterave. En 1877-78, la récolte était de 935,252 kilogr., au rendement de 8,39, et, en 1876-77, de 457,298, à 5,32 %.

Les raffineries, au nombre de trois, ont travaillé, en 1878-79, environ 12 millions de kilogr. de sucre brut.

L'île Sainte-Croix, possession danoise dans les Antilles, envoie de 3 à 5 millions de kilogr. par an.

L'importation des sucres bruts s'est élevée, en 1878-79, compris 6 1/2 millions de kilogr. vergeoises venus d'Ecosse, à 28 millions de kilogr., dont 9 millions environ livrés par Java, 4 1/2 par Maurice, 3 1/2 par Sainte-Croix, 2 1/4 par Porto-Rico et le reste par Manille, le Brésil, Demerare, etc.

L'importation des raffinés a été de 1 1/2 million de kilogr. en sucres français, belges et allemands.

L'exportation de sucre brut a été de 3 1/2 millions de kilogr., celle du raffiné de 675,000 kilogr.

La consommation comprend surtout des sucres en poudre; les pains sont peu demandés et les sucres cristallisés en grains n'ont qu'un débouché limité.

ESPAGNE

Peseta...................................	=	1'00'	Piastre....................................	=	5'20'
Real.....................................	=	0 26	Poods...................................	=	100 kil.

Tarif des douanes.

Sucre brut et raffiné des pays contractants....................	100 kil.	30 pesetas 80 c. = 30 fr. 80 c.		
— — — — non contractants..............	—	32 — 25 c. = 32 fr. 25 c.		

La tare accordée pour les sucres en caisses est de 14 %.

Extrait de la loi du 8 juillet 1878.)

Art. 23. — Les produits du sucre des colonies espagnoles de l'Amérique sont assujettis à un droit fixé, sans égard à la qualité, à 17 pesetas 50 cent. (17 fr. 50 c.) par 100 kilogr., du poids net obtenu conformément aux ordonnances.

Le sucre obtenu dans les colonies espagnoles de l'Océanie (îles Philippines) et importé de ces pays, paie le cinquième des droits supportés par le sucre importé de Cuba ou de Porto-Rico (3 pesetas 50 c. ou 3 fr. 50 c. par 100 kilogr.)

Art. 24. — Le droit de transit du tarif auquel se rapporte l'article 18 du budget, du 21 juillet 1876, est relevé comme suit, avec la modification que ce droit sur le sucre brut ou raffiné, sera porté au taux uniforme comme ci-après :

a) Sucre de toute sorte, produit dans les provinces interocéaniques ou importé de ces pays...................... par 100 kilogr., 8 pesetas 80 c. ou 8 fr. 80 c.
b) Sucre étranger...................................... — 13 — 50 13 50

OBSERVATIONS

N.-B. — Le ministre des colonies a annoncé, au mois de février 1880, que le gouvernement avait décidé que Cuba et Porto-Rico seraient traités sur le même pied que les provinces de la Péninsule.

GRECE

Drachme	= 1'00°	Oeque	= 1 kil. 280 gr.
Lepta	= 0 01		

Production nulle. L'importation consiste surtout en sucre raffiné, en petits pains de 3 à 5 kilogr. venant de l'Autriche.

Pendant six ans, depuis le 31 juillet 1878, il est fait remise du droit d'entrée sur le sucre importé par la douane de Naxos et destiné à la fabrication de cédrats confits, à raison de 276 dragmes (poids) par oeque (0 kil. 883 pour 1 kil. 280).

Tarif des douanes.

(Ordonnance royale du 27 juin 1879.)

Sucre en pains ou en poudre.......... ...	l'oeque.	0 drachme 30 leptas	100 kilogr........	21 fr. 10 c.
— non raffiné et mélasse.............	—	0 — 20 —	—	12 60

HINDOUSTAN ou INDES ANGLAISES

Il n'y a pas d'impôt sur le sucre produit dans le pays. Le droit d'importation est de 7 1/2 °/₀ *ad valorem*.

PORTUGAL

Système métrique obligatoire depuis le 1ᵉ juillet 1861.	Réis	= 0.0056	
	Milréis	= 5'60	

Tarif des douanes.

	SUCRE BRUT au-dessous du n° 19 des types hollandais.		SUCRE RAFFINÉ des numéros supérieurs au n° 19 des types hollandais.	
1° Droit de consommation................................. par kil.	80	reis	125	reis
2° Supplément pour les employés des douanes, 3 °/₀ sur le droit. —	2 1/4	—	3 3/4	—
3° Surtaxe 1 °/₀ *ad valorem*, environ..................... —	1 1/2	—	1 3/4	—
4° Pour le droit de confédération, à raison de 150 reis par 100 kil......	1 1/2	—	1 1/2	—
Total.......... environ par kilog.	85 1/4	reis	132	reis
ou par 100 k....	42 fr. 63		66 fr.	

Drawback.

Le sucre réexporté ou expédié du pays dans les colonies interocéaniques jouit d'une décharge d'accise de 150 reis (0 fr. 75) par 100 kil. et 1/2 °/₀ de la valeur du sucre.

OBSERVATIONS

L'importation s'est élevée, en 1876, à 17,824 tonnes sucre brut et 217 tonnes raffiné.

Les bureaux de douane chargés spécialement de la perception des droits sur les sucres sont ceux de Lisbonne et de Porto.

A Apperto, les droits d'entrée sont augmentés d'un droit supplémentaire de 12 reis par 10 kil. pour frais de porteur, et de 50 reis par caisse ou de 10 reis par sac pour frais de la Bourse.

Le sucre produit dans l'île de Madère est soumis, à l'expédition pour la consommation dans les douanes du continent et des Açores, au quart du droit applicable au sucre étranger de qualité similaire.

Les droits sont perçus au poids net, et les tares des emballages sont calculées comme suit : sucre pilé en tonneaux, 13 °/₀; en caisses 16 °/₀; en sacs, 4 °/₀; pains, en tonneaux ou caisses et enveloppés de papier ou de paille 18 °/₀; cassé en tonneaux ou caisses, 13 °/₀.

ROUMANIE
Impôt.

Quelques essais ont été faits en Roumanie pour la culture de la betterave. Une loi du 29 mars 1873 ayant pour objet de faciliter l'industrie, exempte de tout impôt le sucre produit avec les betteraves cultivées dans le pays pendant une période de vingt années, à partir du 29 mars 1873; les machines et instruments destinés à la fabrication sont affranchis des droits de douane pendant la même durée.

Tarif des douanes.

D'après le traité de commerce conclu avec l'Autriche-Hongrie, les droits d'entrée en Roumanie sont fixés comme suit :

Par 100 kil.

Sucre raffiné en pains, pilé, concassé ou réduit en farine; candi, fruits confits ou solutions sucrées... 20 fr.

Sucre brut ou en poudre... 12 —

Mélasse et sirops.. 6 —

SERBIE

L'impôt de consommation sur le sucre, appelé *troscherina*, est de 20 piastres par 50 kil (9 fr. 10 par 100 kil.).

Tarif des douanes.

Sucre raffiné en pains ou pilé................................ Par 100 kil.   2 fr. 05

OBSERVATIONS

L'importation s'élève à environ 2,000 tonnes par an.

TARES. — Sucre en sacs, 3 °/₀; en tonneaux de bois léger, 10 °/₀; en bois dur, 15 °/₀.

SUÈDE ET NORVÉGE

1 couronne.................	— 100 ores — 0 30ᶜ	1 quintal..............	— 100 livres — 50 kil.
	1 — — 0 01 39		1 — — 0 — 500 gr.

SUÈDE
Impôt (accise).

En vue d'encourager la production du sucre de betterave, une loi de 1869 déclarait la fabrication libre de tout impôt jusqu'en 1873. A partir de cette époque, l'impôt est fixé suivant une échelle progressive, qui porte pour les campagnes :

1876-77 à 1878-79...	2/5 du droit d'entrée sur les sucres étrangers au-dessous du n° 18.
1878-79 à 1881-82...	3/5 — — — — — —
1881-82 à 1884-85...	4/5 — — — — — —

Tarif des Douanes
(En rigueur à partir du 1ᵉʳ janvier 1880).

		Couronnes Ores.			
Sucre raffiné de toute sorte, en pains, candis, morceaux, pulvérisé ou brut, du n° 18 type hollandais et au dessus.................... le quintal	14	»	100 kil.	38 92
Sucre non raffiné au-dessous du type hollandais n° 18............. —	10	»	—	27 80
— autre de nuance basse, à l'état solide ou liquide............. —	4	»	—	11 12

Drawback.

Sucre raffiné de toute qualité... 9   60   —   26 69

OBSERVATIONS.

Trois ou quatre fabriques produisent environ 2 1/2 millions de kilogr. de sucre. La fabrication indigène jouit d'une prime fixée par une loi de 1869 et consistant dans le paiement d'un impôt ne s'élevant qu'aux 2/5 du droit payé sur les sucres étrangers importés de 1876-77 à 1878-79, aux 3/5 de 1879-80 à 1881-82, et aux 4/5 de 1882-83 à 1884-85; à partir de 1885, l'impôt restera fixé aux 4/5 du droit d'entrée.

Le nombre des raffineries est de sept.

Pour l'application des droits de douane, si le même colis contient des sucres de diverses qualités, le tout est taxé sur la base de la qualité supérieure.

L'importation des sucres raffinés est d'environ 15 millions de kilogr., venant de la France, de la Belgique, des Pays-Bas, etc.; celle des sucres bruts est à peu près de 20 millions.

NORVÉGE

Mêmes monnaies que la Suède; mêmes poids et mesures que la France.

L'importation est en moyenne de 10 millions de kilogr., dont 3 environ de sucre raffiné en pains, 4 de sucre candi brun, 1/2 sucre candi clair et 2 1/2 sirop. La France et la Belgique fournissent les deux tiers des sucres en pains, la Hollande et l'Allemagne la majeure partie des candis.

Impôt (accise).

Il n'y a ni fabriques de sucre, ni raffineries dans la Norvége, et, par conséquent, aucun impôt intérieur.

Tarif des douanes.

		Couronnes	Oeres		Fr. C.
Sucres en pains entiers ou cassés, en lumps et candis............	le kil.	0	44	les 100 kil.	61.16
Autres sucres : a) clair (1)...............................	—	0	44	—	61.16
— b) foncé. Sucre fondu ou à l'état liquide (y compris le jus avant l'extraction du sucre) ne pouvant être considéré comme sirop ou mélasse ordinaire; Sucre de raisin et Sucre d'amidon.....	—	0	36	—	50.04
Sirops et mélasses ordinaires..	—	0	6 2/3	—	9.28

(1) Est réputé *autre sucre clair* tout sucre plus clair que le type transmis au bureau de douane par le département de la douane, et qui se rapproche le plus du type hollandais n° 20.

OBSERVATIONS

Le crédit d'entrepôt s'applique pour 240 kil. sucre en pains, 325 kil. autres sucres et 1,250 kil. sirops et mélasses.

La tare pour les sucres en caisses est de 12 % pour le candi et de 13 % pour les autres sucres. Aucune tare n'est accordée pour le papier ou la ficelle. La tare des sirops ou mélasses en futailles est de 12 %.

Si le même colis renferme des sucres soumis à des droits différents, lesdits sucres sont taxés d'après le taux le plus élevé. Le contenu entier d'un colis qui, en outre du sirop ou de la mélasse, contient du sucre compacte, c'est-à-dire cristallisé, paye comme *autre sucre foncé*, si toutefois le sucre compacte forme plus d'un quart de la totalité du contenu.

SUISSE

Monnaies, poids et mesures : système décimal.

Tarif des douanes.

Sucre de bonne sorte et mélasse clarifiée.........................	100 kil.	7 fr. »
Mélasse de canne ou de betterave...............................	—	3 — »

OBSERVATIONS

Production nulle.

L'importation s'élève de 22 à 23 millions de kilogrammes sucre raffiné par an, surtout des pains, soit l'équivalent de 24 à 27 millions de sucre brut. L'Allemagne fournit de 12 à 13 millions, en majeure partie des sucres en morceaux venant de Cologne, la France de 8 à 9, l'Autriche et l'Italie chacun 1 million de kilogrammes environ.

TURQUIE

Tarif des douanes.

Sucres de toute sorte.......... .... Droit *ad valorem* de 8 % d'après la valeur officielle.

STATISTIQUE

FRANCE – GRANDE-BRETAGNE – BELGIQUE
PAYS-BAS – ALLEMAGNE
AUTRICHE-HONGRIE – RUSSIE – ITALIE
ÉTATS-UNIS

STATISTIQUE DU SUCRE

PRODUCTION EN FRANCE
pendant les campagnes 1860-61 à 1878-79

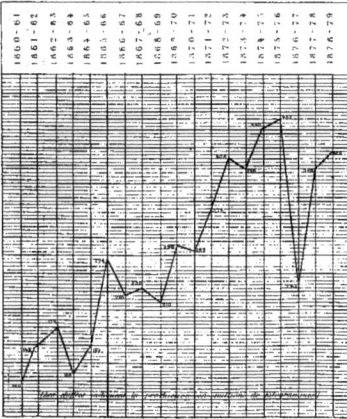

CONSOMMATION EN FRANCE
pendant les années 1860 à 1878

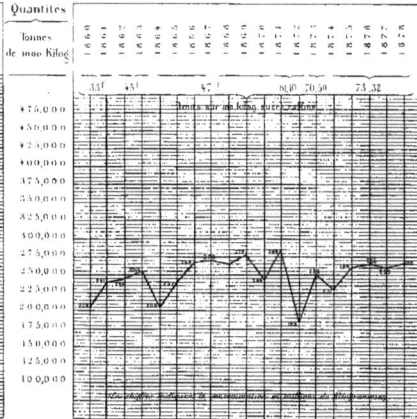
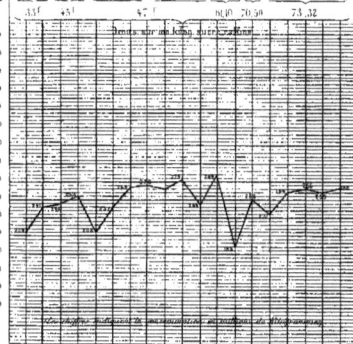

STATISTIQUE DU SUCRE

PRODUCTION EN EUROPE
pendant les campagnes 1860-61 à 1878-79

CONSOMMATION EN ANGLETERRE
pendant les années 1860 à 1878

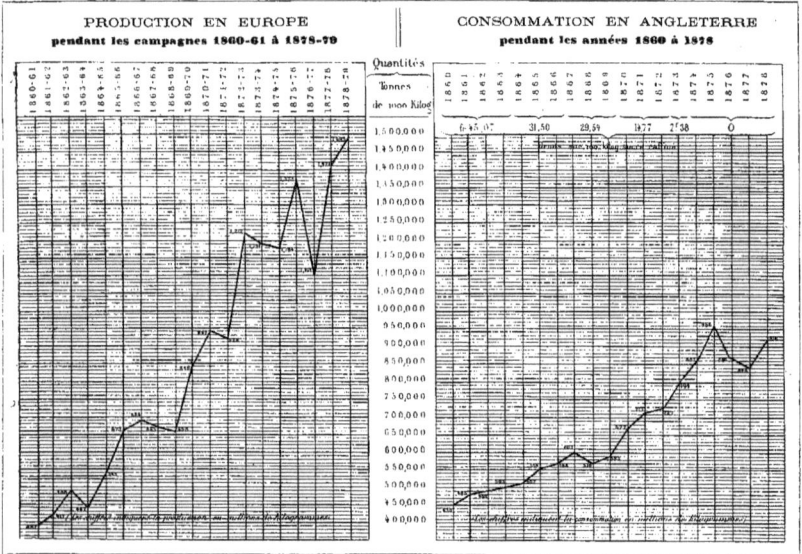

FRANCE

Mouvement général des Sucres (*Commerce spécial*).

ANNÉES	SUCRES EXOTIQUES IMPORTÉS		SUCRES INDIGÈNES soumis aux droits	TOTAL	SUCRES RAFFINÉS exportés REPRÉSENTANT en sucre brut	CONSOMMATION INTÉRIEURE
	des COLONIES françaises	de L'ÉTRANGER				
	Tonnes.	Tonnes.	Tonnes.	Tonnes.	Tonnes.	Tonnes.
1879	89.337	71.625	307.661	468.643	189.057	279.546
1878	88.604	78.017	319.777	486.408	216.052	270.356
1877	83.070	101.776	271.368	456.205	196.949	259.256
1876	86.862	92.420	321.328	500.610	234.226	266.384
1875	92.552	117.997	329.035	533.584	269.337	264.247
1874	80.833	78.041	304.342	463.216	232.025	231.191
1873	80.985	95.208	270.071	446.264	194.288	251.976
1872	75.387	90.675	198.352	364.414	178.977	185.437
1871	77.882	79.886	228.989	386.757	102.865	283.892
1870	94.807	95.803	178.688	369.298	125.478	243.820
1869	86.048	115.723	198.093	399.884	121.043	278.821
1868	85.834	105.651	117.893	369.378	102.696	266.682
1867	99.441	78.404	197.379	375.224	109.096	266.128
1866	100.318	82.518	197.445	380.281	111.455	268.866
1865	84.437	134.778	157.153	376.368	138.967	237.401
1864	80.225	134.737	104.429	319.412	111.552	207.860
1863	127.455	112.900	144.897	385.253	132.081	253.172
1862	104.940	109.150	152.752	316.843	102.434	244.409
1861	113.331	85.431	109.315	308.078	67.325	240.753
1860	115.186	46.679	106.078	267.944	64.471	201.473
1859	93.300	59.649	102.154	255.103	69.922	185.181
1858	116.245	39.526	119.664	275.435	74.620	200.815
1857	84.962	51.279	79.208	215.449	45.241	170.208
1856	93.531	32.899	88.522	214.952	47.613	167.339
1855	90.747	59.655	56.529	206.931	43.040	163.891
1854	82.211	38.067	67.443	182.722	33.205	154.618
1853	65.682	30.878	73.814	170.374	24.100	146.274
1852	64.018	29.768	64.128	157.915	20.413	137.502
1851	48.450	25.389	64.080	135.920	19.031	116.889
1850	51.171	23.888	57.759	134.789	19.192	115.597
1849	65.466	18.877	50.073	134.017	12.138	122.279
1848	48.371	9.540	48.102	106.013	7.708	98.305
1847	87.820	9.626	52.370	149.822	17.173	132.649
Moyennes :						
1867 à 1876	86.039	95.195	232.371	400.258	166.452	252.552
1857 à 1866	99.611	85.012	111.539	296.189	95.076	201.133
1847 à 1856	69.747	27.656	62.482	159.886	24.361	135.524
1837 à 1846	77.308	8.082	36.676	122.067	10.084	111.983
1827 à 1836	70.865	1.398	13.050	85.313	10.394	74.719

Production des Sucres indigènes pendant les campagnes 1836-37 à 1878-79.

CAMPAGNES	FABRIQUES	PRODUCTION	CAMPAGNES	FABRIQUES	PRODUCTION	CAMPAGNES	FABRIQUES	PRODUCTION
		Tonnes.			Tonnes.			Tonnes.
1878-79	501	452.636	1863-64	366	408.466	1848-49	284	38.639
1877-78	501	397.873	1862-63	362	173.677	1847-48	308	64.316
1876-77	514	213.182	1861-62	346	146.413	1846-47	298	53.795
1875-76	530	462.263	1860-61	334	100.876	1845-46	306	40.547
1874-75	529	450.711	1859-60	334	126.480	1844-45	294	36.458
1873-74	539	396.641	1858-59	3.9	132.651	1843-44	325	28.660
1872-73	519	408.609	1857-58	341	131.814	1842-43	384	29.561
1871-72	492	335.140	1856-57	283	83.127	1841-42	398	31.235
1870-71	482	288.944	1855-56	275	92.198	1840-41	389	26.940
1869-70	465	289.301	1854-55	208	44.670	1839-40	422	22.693
1868-69	456	210.392	1853-54	303	76.931	1838-39	555	39.199
1867-68	452	230.000	1852-53	337	75.275	1837-38	585	49.226
1866-67	434	216.855	1851-52	329	68.583	1836-37	585	48.969
1865-66	419	274.014	1850-51	304	76.151	1828-29	103	3.000
1864-65	398	149.014	1849-50	288	62.178	1800	2	

12

FRANCE

Importation des Sucres bruts & raffinés. — Années 1869 à 1879.

DÉSIGNATION	1879	1878	1877	1876	1875	1874	1873	1872	1871	1870	1869
	Tonnes.	Tonnes.	Tonnes.	Tonnes.	Tonnes.	Tonnes.	Tonnes.	Tonnes.	Tonnes.	Tonnes.	Tonnes.
Sucres bruts des colonies françaises *au-dessous du n° 20 :*											
Guadeloupe....	28.198	24.480	24.834	19.393	12.197	7.637	14.003	11.498	17.076	17.645	16.300
Martinique.....	23.416	19.975	18.245	20.433	12.300	9.627	10.233	11.962	11.575	19.739	22.941
Réunion........	28.4.8	36.402	30.748	34.089	32.282	32.481	26.751	27.330	16.543	34.026	25.215
Mayotte........	4.744	3.630	3.808	3.602	3.233	3.347	3.128	2.010	2.790	2.925	3.039
Cayenne	»	»	33	»	18	62	13	80	180	230	233
Autres possess⁵⁰⁵.	5	4	445	»	»	»	14	2	»	7	»
Total......	84.791	84.491	78.113	78.329	59.030	53.154	54.142	52.612	48.160	74.578	67.728
Sucres bruts étrangers *au-dessous du n° 20 :*											
Angleterre......	1.309	1.117	1.025	472	211	7	13	72	742	61	46
Belgique........	1.778	6.784	6.969	27.430	39.378	35.570	31.797	26.292	18.928	17.313	23.140
Autriche........	6.862	»	2.004	4.837	»	»	»	9	»	»	»
Pays-Bas.......	»	»	115	»	»	»	»	93	126	370	3.089
Maurice........	3.424	9.295	7.708	399	1	2.775	14.301	9.696	6.602	11.056	5.491
Cuba, Porto-Rico.	22.981	10.942	8.154	20.996	56.468	26.457	27.612	34.770	25.694	52.938	67.102
Brésil..........	1.508	60	1.508	768	294	737	6.285	8.329	4.536	7.502	8.143
Égypte.........	1.713	10.545	12.292	14.532	418	538	1.845	2.285	5.433	3.567	4.034
Autres pays.....	30.218	38.209	60.528	21.389	13.744	12.997	12.013	8.143	10 311	1.243	2.467
Total......	69.973	76.972	100.943	90.793	110.514	77.084	93.846	89.689	70.972	94.080	113.511
Sucres assimilés aux raffinés *(poudres blanches)*											
Colonies françaises	4.545	4.113	5.357	8.533	36.620	27.678	26.843	22.768	29.667	20.225	18 315
Étranger........	3	55	948	41	14	17	56	25	1.345	22	18
Total......	4.548	4.168	6.305	8.544	36.634	27.695	26 899	22.793	31.012	20.247	18 333
Sucres raffinés :											
Belgique	»	»	»	1	»	»	22	11	2.801	1.309	2.173
Autres pays.....	23	18	17	17	15	13	33	42	4.751	304	23
Total......	23	18	47	18	15	13	55	53	7.552	1.703	2.196
Candis..........	1.234	1.003	860	1.598	1.455	928	1.248	912	»	»	»
TOTAL en sucres bruts........ (Le raffiné calculé à raison de 80 kil par 100 k. de sucre brut).	161.830	168.665	186.060	179.685	208.000	159.125	176.500	166.285	158.700	191.060	201.750

MOYENNES DÉCENNALES DE 1869 A 1878

Sucres bruts des colonies françaises....................................	Tonnes.	65.258
— — étrangers...................................	—	91.654
— assimilés aux raffinés (poudres blanches)........................	—	20.270
— raffinés...	—	1.964
Total général en sucre brut	—	179.637

FRANCE

Exportation des Sucres bruts, indigènes, coloniaux et étrangers.
1° Années 1872 à 1879

QUALITÉS ET DESTINATIONS		1879	1878	1877	1876	1875	1874	1873	1872
SUCRES BRUTS INDIGÈNES (commerce spécial)		Tonnes	Tonnes	Tonnes	Tonnes	Tonnes	Tonnes	Tonnes	Tonnes
A) Au-dessous du type n° 13	Angleterre	5.962	8.293	23.444	24.411	24.688	21.780	42.609
	Belgique	835	839	1.565	2.263	8.072	2.323	12.811
	Autres pays	49	30	1	337	2.826	370	987
	TOTAL	5.794	7.837	9.162	25.010	28.013	35.586	24.473	56.407
B) Du n° 13 au n° 20	Angleterre		10	399	7.356	11.631	20.638	12.707	6.610
	Belgique		371	350	2.053	11.458	11.243	1.699	9.727
	Autres pays		23	52	97	550	1.118	907	703
	TOTAL	228	404	801	9.506	23.639	32.999	15.313	14.040
C) Poudres blanches	Angleterre		34.879	47.761	5.2×8	22.267	35.872	18.733	15.152
	Italie		1.071	1.148	1.266	4.963	3.707	8.657	6.627
	Belgique		1.645	903	459	1.231	2.315	369	735
	Russie, mer Baltique		»	»	1.358	11.509	202	8	141
	Autres pays		424	316	307	800	566	708	580
	TOTAL	16.152	38.019	50.128	8.678	40.770	42.662	28.475	23.235
TOTAL GÉNÉRAL		22.174	46.260	60.091	43.194	92.422	111.247	68.261	96.682
SUCRES EXOTIQUES (commerce général)									
Des colonies françaises		3.719	2.929	4.587	5.555	6.908	4.303	6.140	2.797
De l'étranger		4.590	2.899	9.297	5.718	7.106	5.191	6.681	7.375
	TOTAL	8.310	5.828	13.884	11.273	14.014	9.494	12.721	10.172

2° Années 1869 à 1871

		1871	1870	1869
		Tonnes	Tonnes	Tonnes
SUCRES BRUTS INDIGÈNES.	Angletere	77.085	48.641	22.586
	Belgique	29.290	26.808	1.237
	Autres pays	2.787	2.569	2.336
	TOTAL	109.162	78.018	26.159
SUCRES BRUTS EXOTIQUES.	Des colonies françaises	1.441	3.345	1.255
	De l'étranger	7.070	5.744	6.847
	TOTAL	8.511	9.089	8.102

MOYENNES DÉCENNALES POUR LES SUCRES BRUTS INDIGÈNES

1867 à 1876	tonnes 68.099	Valeur	41.677.040 fr.
1857 à 1866	— 13.659	—	8.107.104 —

MOYENNES GÉNÉRALES POUR TOUS LES SUCRES

1867 à 1876	tonnes 131.578	Valeur	101.872.426 fr.
1857 à 1866	— 71.575	—	57.905.278 —
1847 à 1856	— 18.291	—	14.861.498 —

FRANCE

Exportation des Sucres raffinés dans les principaux pays. — Années 1869 à 1879

(COMMERCE SPÉCIAL)

PAYS	1879	1878	1877	1876	1875	1874	1873	1872	1871	1870	1869
	Tonnes.	Tonnes.	Tonnes.	Tonnes.	Tonnes.	Tonnes.	Tonnes.	Tonnes.	Tonnes.	Tonnes.	Tonnes.
Angleterre......	70.712	92.10	75.594	88.587	90.923	70.409	54.838	43.340	23.253	29.420	24.082
Italie..........	4.386	2.737	7.858	10.162	11.680	15.726	10.711	12.926	7.106	13.025	15.702
Suisse..........	13.200	13.909	13.359	14.138	13.223	13.491	11.730	10.362	4.488	7.520	7.737
Belgique........	1.128	1.385	3.131	1.715	2.498	2.463	2.288	4.534	4.397	3.292	1.534
Russie..........	5.780	4.325	906	6.163	5.414	5.314	2.771	3.157	2.346	1.885	1.755
Turquie	6.293	7.454	5.496	9.342	16.092	17.193	14.752	12.753	9.012	12.761	17.464
Suède..........	78:	1.859	2.610	6.730	5.376	3.860	4.353	3.850	1.257	665	620
Egypte..........	3.722	4.225	3.560	3.415	3.789	3.202	3.020	2.423	1.929	2.359	3.039
Grèce..........	216	323	1.420	1.383	3.436	3.057	3.108	2.440	1.750	2.888	3.474
Autriche........	»	1	18	5	174	11	178	986	»	62	»
Etats-Barbaresq..	5.454	4.030	4.243	3.478	3.627	2.554	2.059	1.192	1.037	1.011	1.478
Uruguay........	2.581	1.897	1.032	1.643	1.459	2.476	1.681	2.182	1.273	1.150	1.408
Répub. argentine.	3.562	4.806	5.877	4.932	5.780	4.086	4.125	4.760	2.462	2.686	2.747
Chili..........	4.283	6.320	3.393	3.232	12.223	10.187	5.336	5.451	3.959	6.306	4.788
Algérie........	9.429	8.714	7.965	8.062	8.080	7.308	7.205	6.423	5.593	6.926	6.398
Allemagne......	»	»	......	12.697	16.855	14.196	11.991	13.208	4.470	16	»
Espagne........	»	»	......	5.156	4.443	3.591	3.666	3.189	2.343	2.537	1.242
Autres pays......	12.879	12.847	......	4.585	7.312	5.661	5.664	3.699	2.985	1.795	1.663
TOTAL des années: en raffiné......	144.058	166.937	151.930	185.677	214.100	184.792	149.556	138.593	79.066	96.306	97.887
réduit en brut..	180.062	208.671	189.912	232.096	267.625	230.990	186.945	173.241	99.58:	120.382	121.983

Moyenne des dix années, de 1869 à 1878. Sucre raffiné.. .... tonnes   146.430
—   —   —   Réduction en brut.......   —   183.040

GRANDE-BRETAGNE

Consommation du sucre sous les différents régimes en vigueur depuis 1844

ANNÉES	DÉSIGNATION	TONS
1844	Introduction du principe du libre-échange; droits des sucres des colonies anglaises et étrangères rendus égaux	206.472
1864	Année de la convention internationale	499.604
1869	Droits de 8 à 12 sh. par cwt	583.369
1870	Droits réduits de la moitié, soit 4 à 6 sh. par cwt	666.363
1871	Droits de 4 à 6 sh. par cwt	702.201
1872	—	715.400
1873	Droits réduits de la moitié en mai, soit 2 à 3 sh. par cwt	786.033
1874	Droits abolis en avril	853.845
1875	Libre de droits	942.703

Consommation du sucre (d'après MM. Francis Reid et Cie, de Liverpool)

ANNÉES	SUCRE BRUT et RAFFINÉ	CONSOMMATION PAR TÊTE		ANNÉES	SUCRE BRUT et RAFFINÉ	CONSOMMATION PAR TÊTE	
	Tons de 1016 kil.	Livres	Kilog. Gr.		Tons de 1016 kil.	Livres	Kilog. Gr.
1879	914.742	61.13	29.953	1860	448.070	34.61	15.713
1878	903.597	60.97	27.672	1859	457.449	35.61	16.167
1877	834.692	56.66	25.724	1858	430.203	35.30	15.981
1876	852.438	58.39	26.509	1857	382.294	30.20	13.711
1875	942.703	63.17	29.587	1856	374.978	29.69	13.479
1874	853.845	59.40	26.968	1855	384.267	30.86	14.010
1873	786.033	55.02	24.979	1854	416.620	33.58	15.245
1872	715.400	50.47	22.913	1853	374.379	30.32	13.765
1871	702.201	49.93	22.668	1852	388.643	29.14	13.229
1870	666.368	48.00	21.690	1851	328.581	26.74	12.140
1869	583.369	42.17	19.145	1850	310.391	25.35	11.509
1868	561.135	41.03	18.625	1849	299.041	24.24	11.008
1867	593.328	44.01	20.044	1848	309.424	24.88	11.295
1866	559.166	41.08	18.922	1847	290.282	23.14	11.505
1865	545.781	40.75	18.500	1846	261.938	20.81	9.448
1864	499.604	37.53	17.030	1845	242.834	19.51	8.857
1863	495.050	37.46	17.007	1844	206.472	16.77	7.613
1862	485.856	37.24	16.907	1843	201.476	16.54	7.509
1861	478.040	36.06	16.371				

Importation Sucre brut. — 1877 à 1879.

	1879	1878	1877
	Tons	Tons	Tons
Sucre de betterave :			
France	8.813	14.091	22.651
Belgique	16.810	24.798	21.812
Pays-Bas	11.005	16.993	4.976
Allem. et Autriche	133.250	123.203	94.680
TOTAL	169.878	179.085	144.119
Sucre de canne :			
Antilles et Guyane	238.220	193.470	181.078
Indes anglaises	15.588	19.624	53.665
Chine	5.373	7.797	55.9?7
Maurice	22.589	31.346	60.247
Cuba, Porto-Rico	112.970	42.482	29.096
Brésil	92.901	80.888	93.610
Java et Philippines	137.110	111.596	118.407
Pérou	68.705	55.094	54.843
Autres pays	22.730	27.201	40.679
TOTAL	715.779	568.188	687.552
TOTAL GÉNÉRAL	885.657	747.273	831.671

Importation Sucre raffiné et candis. — 1869 à 1879

PAYS	1879	1878	1877
France tons	81.417	113.901	103.481
Pays-Bas —	39.675	34.296	48.069
Belgique —	4.475	4.090	1.785
Pays divers —	25.688	11.576	40.156
TOTAL —	151.255	163.863	171.491

1876 tons	139.127	1872 tons	89.376
1875 —	143.014	1871 —	78.635
1874 —	133.593	1870 —	85.522
1873 —	118.042	1869 —	—

Exportation de rafinés anglais — 1867 à 1879.

PAYS	1879	1878	1877
	Tons	Tons	Tons
Danemark tons	8.383	7.274	7.096
Italie —	9.472	8.179	9.470
Amérique anglaise du Nord tons	7.350	16.567	16.990
Autres pays —	19.706	20.087	22.496
TOTAL —	44.881	52.107	15.952

1876 tons	59.445	1871 tons	38.987
1875 —	48.682	1870 —	28.963
1874 —	46.517	1869 —	15.173
1873 —	34.752	1868 —	13.422
1872 —	31.589	1867 —	8.612

BELGIQUE

TARIF DES DROITS D'ACCISE DEPUIS 1844 :

1844 par 100 kil.................... 20 » | 1849 par 100 kil................... 37 »
1846   —   .... 30 » | 1856   —   .... 38 et 39 »
1847   —   .... 34 » | 1860   —   .... 42 »
1818   —   .... 40 » | 1861   —   .... 45 »

La prise en charge, fixée d'abord à 1,200 gr., a été élevée à 1,500 gr., par arrêté royal du 6 avril 1866.

Production des Sucres de betterave. — Campagnes 1839-40 à 1878-79

CAMPAGNES	NOMBRE de FABRIQUES	PRODUCTION d'après la PRISE EN CHARGE	CAMPAGNES	NOMBRE de FABRIQUES	PRODUCTION d'après la PRISE EN CHARGE	CAMPAGNES	NOMBRE de FABRIQUES	PRODUCTION d'après la PRISE EN CHARGE
		Tonnes			Tonnes			Tonnes
1878-79......	162	69.926	1864-65......	100	27.395	1850-51......	40	6.654
1877-78......	165	63.075	1863-64......	84	19.783	1849-50......	28	5.882
1876-77......	160	45.628	1862-63......	79	20.200	1848-49......	24	5.130
1875-76......	146	81.006	1861-62......	74	18.022	1847-48......	24	5.180
1874-75......	164	70.815	1860-61......	69	15.508	1846-47......	25	5.000
1873-74......	173	71.777	1859-60......	65	17.156	1845-46......	25	3.368
1872-73......	173	71.765	1858-59......	63	18.879	1844-45......	27	2.467
1871-72......	174	68.463	1857-58......	60	17.840	1843-44......	27	2.675
1870-71......	152	72.886	1856-57......	52	15.933	1842-43......	31	2.926
1869-70......	131	47.765	1855-56......	46	12.012	1841-42......	»	3.000
1868-69......	115	40.225	1854-55......	45	9.399	1840-41......	»	3.000
1867-68......	107	34.006	1853-54......	48	9.287	1839-40......	»	3.000
1866-67......	104	33.329	1852-53......	45	9.977			
1865-66......	106	41.990	1851-52......	44	8.300			

Importation des Sucres bruts et raffinés. — Années 1869 à 1878.

DÉSIGNATION	1878	1877	1876	1875	1874	1873	1872	1871	1870	1869
Sucre brut :	Tonnes.	Tonnes.	Tonnes.	Tonnes.	Tonnes	Tonnes.	Tonnes.	Tonnes.	Tonnes.	Tonnes.
France	1.026	4.107	5.411	18.436	23.539	7.630	28.534	41.612	1.693	1.640
Angleterre...................	3.028	5.560	6.452	4.178	2.927	2.668	1.877	2.095	36	»
Pays-Bas...................	263	7.294	11.597	7.027	10.794	8.347	6.243	6.714	443	524
Cuba.....................	3.601	1.442	9.464	2.315	25	28	74	89	9.446	7.968
Java et Sumatra...........	6.172	5.072	7.876	»	»	»	»	»	»	»
Autres pays.................	2.922	2.458	888	7.838	6.423	6.072	7.593	7.475	7.861	6.052
TOTAL.........	16.978	25.933	41.388	39.794	43.711	24.745	44.321	67.985	19.481	18.184
Sucre raffiné :										
France	2.428	4.323	2.596	3.039	3.278	2.590	4.569	6.306	1.342	1.435
Pays-Bas...................	320	1.134	940	629	1.147	954	1.630	2.040	393	413
Prusse.....................	»	»	»	»	»	203	110	2.898	13	»
Divers.....................	1.097	1.450	658	1.441	1.471	178	294	1.326	62	22
TOTAL.........	3.845	6.807	4.194	5.109	5.896	3.925	6.603	12.570	1.810	1.870

BELGIQUE

Exportation des Sucres raffinés. — Années 1869 à 1879.

DESTINATIONS	1879	1878	1877	1876	1875	1874	1873	1872	1871	1870	1869
	Tonnes.	Tonnes.	Tonnes.	Tonnes.	Tonnes.	Tonnes.	Tonnes.	Tonnes.	Tonnes.	Tonnes.	Tonnes.
Russie....................	»	»	»	75	20	75	53	5	»	100	»
Allemagne................	179	288	188	515	658	813	981	721	875	874	»
Suisse...................	634	591	526	670	639	660	699	646	338	413	406
Suède et Norvège..........	1.130	1.811	1.446	1.582	1.313	1.130	928	899	760	916	584
Danemark...............	239	483	586	1.143	881	358	130	281	391	45	81
Angleterre..............	4.019	3.904	1.524	3.242	5.615	5.141	4.770	3.979	5.198	4.248	3.972
France...................	1.693	1.022	864	1.582	1.494	896	1.324	1.024	4.410	1.809	2.192
Espagne et Gibraltar.......	2	6	1	187	1	6	»	»	»	»	»
Portugal.................	»	»	»	5	17	24	448	»	»	»	»
Etats barbaresques.........	»	»	»	»	»	84	»	41	»	109	»
Italie...................	3	81	4	255	499	1.400	391	414	481	1.613	1.542
Autriche................	»	»	»	»	133	1	129	27	»	357	1.260
Turquie.................	»	»	»	»	3	59	28	86	49	»	»
Chili...................	»	»	»	»	»	119	98	17	»	20	»
Rio de la Plata.............	»	»	»	»	»	25	»	160	109	94	»
Brésil..................	»	»	»	30	5	159	»	»	»	»	»
Pays divers..............	1.180	1.120	1.103	1.100	1.104	1.229	622	447	398	488	988
TOTAL............	9.079	9 306	6.242	10.386	12.382	12.188	10.601	8.747	13.009	11.086	11.028
dont en candis........	4.483	4.270	5.650	5.479	5.039	5.070	5.435	4.892	3.814	3.842	

Exportation des Sucres bruts indigènes. — Années 1869 à 1878.

	1879	1878	1877	1876	1875	1874	1873	1872	1871	1870	1869
France	9.039	3.681	31.121	41.695	34.083	34.612	29.242	20.628	14.236	27.187	
Angleterre...................	19.280	16.986	15.044	14.436	23.095	21.587	15.605	26.417	12.703	3.592	
Pays-Bas....................	29.324	25.578	8.464	12.728	14.385	6.348	15.539	20.154	10.137	4.125	
Autres pays..................	873	741	3.556	120	102	482	3.510	676	7.397	158	
TOTAL............	58.516	46.986	58.186	68.979	71.665	63.029	62.926	67.875	34.473	35.062	

PAYS-BAS

Production des Sucres de betterave. — Campagnes 1858-59 à 1878-79

(La production étant calculée en sucre raffiné, les chiffres ont été augmentés de 20 o/o pour obtenir la quantité de sucre brut.)

CAMPAGNES	FABRIQUES	PRODUCTION en sucre brut	PRISE EN CHARGE	CAMPAGNES	FABRIQUES	PRODUCTION en sucre brut	PRISE EN CHARGE
		Tonnes	Grammes			Tonnes	Grammes
1878-79.......	31	23.211	1.530	1867-68.......	17	8.243	1.530
1877-78.......	31	22.856	1.530	1866-67.......	11	5.723	1.530
1876-77.......	31	19.298	1.530	1865-66.......	8	4.933	1.500
1875-76.......	32	26.724	1.530	1864-65.......	6	3.656	1.500
1874-75.......	30	20.634	1.530	1863-64.......	6	3.081	1.450
1873-74.......	32	26.969	1.530	1862-63.......	4	1.898	1.450
1872-73.......	31	22.414	1.530	1861-62.......	3	990	1.400
1871-72.......	23	16.004	1.530	1860-61.......	1	593	1.400
1870-71.......	19	14.283	1.530	1859-60.......	1	713	1.400
1869-70.......	18	11.566	1.530	1858-59.......	1	483	1.400
1868-69.......	18	10.513	1.530				

Importation et Livraisons. — Années 1869 à 1879

ANNÉES	JAVA et SURINAM	SUCRE COLONIAL étranger	SUCRE de BETTERAVE indigène et étranger	TOTAL	ANNÉES	JAVA et SURINAM	SUCRE COLONIAL étranger	SUCRE de BETTERAVE indigène et étranger	TOTAL
	Tonnes	Tonnes	Tonnes	Tonnes		Tonnes	Tonnes	Tonnes	Tonnes
1879......	28.669	17.600	100.070	146.339	1873......	89.719	2.193	42.116	134.030
1878......	63.844	3.068	63.487	130.419	1872......	107.107	908	39.026	147.041
1877......	64.361	4.524	55.150	124.035	1871......	114.434	248	32.820	147.502
1876......	72.911	2.109	45.887	120.907	1870......	118.474	533	33.480	152.487
1875......	62.445	6.783	39.887	109.115	1869......	117.230	1.470	»	»
1874......	96.455	553	31.829	128.837	1868......	125.404	3.296	»	»

Exportation des Sucres bruts et raffinés. — Années 1869 à 1879.

DÉSIGNATION	1879	1878	1877	1876	1875	1874	1873	1872	1871	1870	1869
Sucre brut :	Tonnes.	Tonnes.	Tonnes.	Tonnes.	Tonnes.	Tonnes.	Tonnes.	Tonnes.	Tonnes.	Tonnes.	Tonnes.
Belgique.........	6.307	6.234	5.358	7.984	6.724	11.073	8.315	6.887	7.125	11.930	11.548
Suède, Norvége, Danemark......	7.481	6.350	7.841	10.640	10.058	13.244	13.635	7.275	15.565	12.323	11.297
Grande-Bretagne..	5.907	8.669	1.483	8.460	35	1.125	5.179	623	1.950	2.235	7.319
Autres pays......	1.067	850	1.311	1.448	825	1.221	1.621	4.133	3.190	3.823	5.710
Total........	20.762	22.103	15.993	28.533	17.642	26.663	28.750	18.918	27.830	30.311	35.874
Sucre raffiné :											
Grande-Bretagne..	42.568	34.248	27.739	34.095	28.796	32.130	42.266	35.242	41.984	42.571	37.217
Suède et Norvége..	5.636	5.900	7.146	6.602	5.168	4.663	5.092	1.870	3.390	2.642	4.785
Italie............	4.052	6.670	11.514	14.785	14.821	22.272	18.959	30.207	38.642	30.125	39.572
Belgique.........	6.366	7.142	6.588	3.511	2.417	2.607	820	614	3.121	2.037	1.459
Suisse..........	4.816	5.733	5.811	4.941	4.606	5.054	4.155	8.466	4.280	2.573	»
Allemagne......	2.591	2.050	2.554	3.366	3.242	3.287	2.030	2.421	920	586	1.937
Russie..........	4	»	30	2.563	10.513	5.774	337	2.673	24	33	76
Danemark.......	50	62	127	323	218	83	158	151	230	141	65
France..........	40	68	2	149	86	2	25	82	716	50	20
Espagne, Gibraltar.	280	184	92	250	314	426	434	626	1.009	1.258	1.159
Portugal........	301	351	181	171	380	620	252	152	32	77	»
Autriche........	»	»	32	5	»	435	180	1.020	436	1.730	4.499
Turquie........	763	1.238	1.702	2.992	6.813	4.862	5.471	6.861	8.244	4.995	2.667
Grèce et îles Ionien.	890	711	124	605	95	585	643	1.774	896	693	506
Rio de la Plata....	4	104	»	10	366	2.260	5.332	5.974	4.406	5.759	3.315
Buenos-Ayres....	»	»	»	536	1.347	»	»	»	»	»	»
Pays divers......	428	162	179	144	109	712	330	408	445	210	361
TOTAL raffiné en pain..	68.796	64.643	63.821	75.708	79.291	85.772	86.524	98.349	108.865	95.480	94.618

ALLEMAGNE

Betteraves travaillées & production du sucre brut — Campagnes 1836-1837 à 1878-79
(D'après M. F.-O. Licht.)

CAMPAGNES	NOMBRE de FABRIQUES	BETTERAVES TRAVAILLÉES	PRODUCTION du SUCRE BRUT	BETTERAVES pour 100 k. SUCRE	RENDEMENT en SUCRE	CAMPAGNES	NOMBRE de FABRIQUES	BETTERAVES TRAVAILLÉES	PRODUCTION en SUCRE BRUT	BETTERAVES pour 100 k. SUCRE	RENDEMENT en SUCRE
		Quint. métr.	Tou. 1000 k.	Kilog.	%			Quint. métr.	Tou. 1000 k.	Kilog.	%
1878-79....	326	4.623.317	420.684	1.099	9.10	1856-57...	233	2.377.560	103.575	1.330	7.52
1877-78....	329	4.106.953	383.827	1.070	9.34	1855-56...	216	1.091.989	87.354	1.250	8.00
1876-'7....	328	3.552.082	291.203	1.220	8.20	1854-55...	222	959.420	78.641	1.220	8.20
1875-76...	332	4.159.745	346.666	1.200	8.33	1853-54...	227	923.494	71.038	1.300	7.70
1874-75...	333	2.755.283	250.708	1.099	9.10	1852-53...	238	1.085.854	84.832	1.280	7.81
1873-74...	337	3.525.489	289.243	1.220	8.20	1851-52...	234	914.493	63.068	1.450	6.90
1872-73...	326	3.181.550	258.666	1.230	8.13	1850-51...	184	736.215	53.328	1.380	7.25
1871-72...	309	2.250.918	189.166	1.190	8.01	1849-50...	148	576.233	42.373	1.360	7.35
1870-71...	304	3.050.645	262.986	1.160	8.62	1848-49...	145	494.835	35.857	1.380	7.25
1869-70...	296	2.584.586	217.192	1.196	8.49	1847-48...	127	385.838	26.841	1.430	7.00
1868-69...	295	2.497.682	208.140	1.200	8.33	1846-47...	107	281.692	20.120	1.400	7.14
1867-68...	293	2.029.669	165.013	1.230	8.13	1845-46...	96	227.754	15.153	1.470	6.80
1866-67...	296	2.535.635	201.240	1.260	7.94	1844-45...	98	194.520	12.963	1.500	6.67
1865-66...	295	2.176.688	185.695	1.170	8.55	1843-44...	105	217.483	14.308	1.520	6.58
1864-65...	270	2.182.060	170.660	1.220	8.20	1842-43...	98	123.787	7.736	1.600	6.25
1863-64...	253	1.995.871	151.680	1.320	7.58	1841-42...	135	256.575	15.740	1.630	6.13
1862-63...	247	1.835.962	238.042	1.330	7.52	1840-41...	145	241.486	14.205	1.700	5.88
1861-62...	247	1.584.614	125.763	1.260	7.94	1839-40...	152	220.281	12.689	1.740	5.75
1860-61...	247	2.467.701	126.526	1.160	8.62	1838-39...	159	145.210	8.152	1.780	5.62
1859-60...	256	1.719.965	145.759	1.180	8.47	1837-38...	166	138.197	7.077	1.800	5.60
1858-59...	257	1.833.427	144.364	1.270	7.87	1836-37...	122	25.346	1.408	1.800	5.50
1857-58...	249	2.436.756	120.479	1.200	8.33	1800....	3				

Nombre de sucreries & travail pour les divers pays, en 1877-78.

PAYS	NOMBRE de FABRIQUES	BETTERAVES TRAVAILLÉES	CONTRÉES	PROPORTION P. 100 DE BETTERAVES	
				CULTIVÉES	ACHETÉES
		quintaux métr.			
Prusse..........	250	3.180.738	Saxe..........	81	19
Bavière..........	2	14.765	Hanovre..........	85	15
Wurtemberg..........	5	55.328	Brandebourg..........	64	36
Bade..........	1	20.947	Brunswick..........	88	12
Mecklembourg..........	2	19.034	Anhalt..........	79	21
Thuringe..........	5	56.666	Thuringe..........	81	19
Brunswick..........	29	328.241	Poméranie..........	33	67
Anhalt..........	33	426.125	Silésie..........	26	74
Luxembourg (Grand Duché).	2	7.109	Provinces rhénanes..........	25	75
			Allemagne du Sud..........	24	76
TOTAL..........	329	4.106.953	TOTAL..........	70.2	29.8

Travail des Fabriques de sucre. — Campagnes 1873-74 à 1877-78

CAMPAGNES	RÉPARTITION DES FABRIQUES PAR MODES DE TRAVAIL				PROVENANCES DES BETTERAVES		RENDEMENTS A L'HECTARE DES BETTERAVES	
	Nombre d'usines	Presses	Macération	Turbines	Diffusion	Cultivées	Achetées	Années	Kilogrammes
		%	%	%	%	0/0	0/0		
1877-78.....	329	25	5	2	68	70.20	29.8	1877......	27.415
1876-77	328	30	7	3	60	70.1	29.9	1876......	25.200
1875-76...	332	41.3	8.7	2.7	47.3	68.2	31.8	1875......	29.325
1874-75...	333	54.3	9	2.7	34	69.2	30.8	1874......	20.595
1873-74.....	337	63.5	9.2	3.6	23.7	68.6	31.4	1873......	27.220

13

ALLEMAGNE

Importation, Exportation et Consommation de 1836 à 1879

(D'après M. F.-O. Licht de Magdebourg).

ANNÉES	IMPORTATION			PRODUCTION indigène en sucre brut	TOTAL	EXPORTATION			RESTE pour la consommation intérieure	CONSOMMATION par tête en kilogr.
	SUCRE brut	SUCRE raffiné	TOTAL converti en sucre brut			SUCRE brut	SUCRE raffiné	TOTAL converti en sucre brut		
	Ton.	Ton.	Ton.	Ton.	Ton.	Ton.	Ton.	Ton.	Ton.	Kil. Gr.
1836	49.628	1.519	51.527	1.408	52.935	»	1.784	2.230	50.705	1.995
1837	43.493	456	44.063	5.159	49.222	3	1.539	1.927	47.297	1.840
1838	52.537	2.047	55.096	8.036	64.132	1	1.694	1.372	62.760	2.370
1839	56.710	601	57.461	11.157	68.618	10	1.063	1.338	67.280	2.550
1840	51.100	358	51.548	13.802	65.350	15	2.140	2.691	62.659	2.345
1841	50.652	138	50.824	15.151	65.975	6	2.367	2.964	63.011	2.320
1842	57.119	208	57.379	11.257	68.636	4	1.961	2.453	66.183	2.375
1843	62.984	187	63.185	9.864	73.049	4	1.696	2.121	70.928	2.515
1844	67.238	138	67.373	14.836	82.209	1	2.236	2.795	79.414	2.785
1845	70.527	132	70.692	14.836	85.528	12	3.902	4.889	80.639	2.800
1846	67.957	111	68.096	16.581	84.597	3	8.013	10.018	74.579	2.568
1847	70.552	126	70.710	22.344	93.054	17	5.893	7.008	86.046	2.970
1848	64.260	104	64.390	33.293	97.683	5	7.135	8.948	88.735	3. »
1849	60.584	110	60.721	40.730	101.451	1	9.832	12.291	89.160	3.005
1850	52.752	107	52.886	46.563	99.449	124	7.728	9.785	89.664	3.005
1851	39.085	104	39.215	60.144	99.359	200	7.273	9.291	90.068	3. »
1852	40.477	92	40.592	79.307	119.899	3	6.250	7.815	112.084	3.710
1853	38.878	95	38.997	78.271	117.268	26	8.792	11.016	106.252	3.485
1854	38.547	122	38.699	75.382	114.081	5	8.804	11.010	103.071	3.155
1855	46.534	135	46.703	79.410	126.113	10	7.623	9.545	116.568	3.550
1856	33.551	111	33.690	90.399	124.089	28	8.154	10.224	115.868	3.510
1857	17.778	98	17.900	117.106	135.006	16	6.446	8.074	126.932	3.825
1858	27.350	108	27.491	129.835	157.326	27	3.202	4.029	153.297	4.580
1859	12.425	81	12.526	152.548	165.074	3	3.489	4.364	160.710	4.790
1860	5.298	71	5.387	139.515	144.902	1	3.089	3.862	141.040	4.160
1861	8.289	107	8.424	128.744	137.168	235	1.831	2.548	134.620	3.925
1862	25.165	120	25.323	127.691	153.014	1.685	1.645	3.741	149.273	4.305
1863	23.270	128	23.430	143.158	166.588	5.089	2.843	8.643	157.945	4.505
1864	14.267	117	14.413	160.656	174.089	7.413	420	7.939	166.130	4.685
1865	14.107	97	14.228	184.187	198.415	6.214	240	6.515	191.900	5.345
1866	6.351	90	6.471	197.026	203.497	41.068	1.526	42.975	160.522	4.500
1867	5.477	119	5.636	196.297	201.933	33.008	2.914	36.650	165.283	4.535
1868	13.873	298	14.158	180.614	194.772	5.911	1.959	8.354	186.418	5.060
1869	5.583	294	5.950	214.372	220.328	13.559	7.790	23.016	197.312	5.150
1870	5.173	1.489	7.034	224.228	231.262	4.699	13.683	21.200	210.062	5.470
1871	10.753	3.043	14.557	249.921	264.478	36.285	25.326	66.878	197.600	5.070
1872	32.389	15.235	51.434	216.645	268.079	6.592	5.307	13.063	255.016	6.270
1873	5.175	12.780	31.150	260.329	291.479	3.344	4.069	8.275	283.204	6.965
1874	9.492	14.716	27.887	249.239	277.126	13.120	6.188	20.642	256.484	6.210
1875	12.315	13.960	29.765	274.058	303.823	13.962	5.313	20.603	283.220	6.740
1876	3.188	12.040	18.238	363.998	382.236	37.735	8.275	68.179	314.057	7.380
1877	2.990	6.589	11.201	313.781	324.982	39.035	14.714	58.447	266.535	6.200
1878	1.838	4.118	6.075	412.276	419.251	86.395	26.153	119.086	300.165	6.900
1879	4.827	3.721	9.478	416.466	425.944	94.990	28.762	130.942	295.002	6.705

AUTRICHE-HONGRIE

Betteraves travaillées. — Années 1835 à 1867-68.

ANNÉES en CAMPAGNES	NOMBRE de FABRIQUES	BETTERAVES TRAVAILLÉES		CAMPAGNES	NOMBRE de FABRIQUES	BETTERAVES TRAVAILLÉES	
		TOTAL	MOYENNE par FABRIQUE			TOTAL	MOYENNE par FABRIQUE
		Quintaux métr.	Quintaux métr.			Quintaux métr.	Quintaux métr.
1835.........	17	187.040	17.004	1851-52......	94	3.264.388	34.728
1836.........	24	187.600	7.000	1852-53......	101	3.503.496	34.678
1837.........	45	229.600	5.102	1853-54......	103	3.031.008	29.427
1838.........	52	366.600	7.040	1854-55......	106	3.265.080	30.808
1839.........	48	543.200	11.318	1855-56......	109	4.004.206	36.786
1840.........	41	691.040	16.860	1856-57......	110	4.920.883	44.735
1841.........	41	814.800	19.873	1857-58......	121	5.686.343	46.995
1842.........	42	813.898	19.149	1858-59......	126	8.983.669	71.299
1843.........	44	800.800	18.200	1859-60......	130	8.623.864	66.337
1844.........	45	823.200	18.300	1860-61......	131	7.949.676	60.683
1845.........	48	873.600	18.200	1861-62......	130	8.434.405	64.880
1846.........	53	862.400	16.272	1862-63......	139	9.978.290	71.788
1847.........	62	812.000	13.097	1863-64......	136	8.919.634	65.586
1848.........	63	841.840	13.220	1864-65......	144	11.119.428	77.218
1848-49......	71	959.616	13.516	1865-66......	140	9.289.928	66.356
1849-50......	73	979.383	13.430	1866-67......	139	12.472.250	89.800
1850-51......	84	3.216.874	38.296	1867-68......	151	12.165.753	80.568

Betteraves travaillées. — *Exportation des sucres bruts et raffinés* Années 1868-69 à 1878-79.

CAMPAGNES	TRAVAIL DES FABRIQUES			NOMBRE de FABRIQUES	BETTERAVES TRAVAILLÉES		EXPORTATION		
	Presses	Centrifuges	Diffusion		TOTAL	MOYENNE par FABRIQUE	RAFFINÉ	BRUT	TOTAL en SUCRE BRUT
					Quintaux métr.	Quintaux métr.	Tonnes.	Tonnes.	Tonnes.
1868-69.........	133	3	25	462	9.409.330	61.384	526	245	876
1869-70.........	137	3	40	181	14.107.376	77.942	14.944	36.265	54.197
1870-71.........	145	3	66	215	18.538.173	86.224	36.976	40.087	84.439
1871-72.........	144	3	103	251	16.114.062	64.199	21.359	39.684	65.157
1872-73.........	129	3	123	256	20.418.912	79.761	23.343	45.526	73.541
1873-74.........	108	3	133	244	16.166.991	66.258	27.902	48.664	82.148
1874-75.........	86	2	138	226	14.682.663	51.693	30.324	26.398	62.802
1875-76.........	54	1	176	231	14.895.690	64.440	40.255	61.381	109.687
1876-77.........	30	»	188	227	17.403.564	75.022	38.480	68.866	115.042
1877-78.........	34	»	195	229	26.286.074	114.786	57.905	98.661	168.347
1878-79.........	27	»	199	226	28.260.000	124.770	80.547	103.854	209.538

La campagne est comptée du 1er août au 31 juillet de l'année suivante. La durée moyenne du travail est de 125 jours dans les fabriques à diffusion, et de 135 dans les autres.

Droits encaissés sur les sucres. — Années 1860 à 1878-79

ANNÉES ou CAMPAGNES	MONTANT de L'IMPÔT sur la Betterave	DROITS D'IMPOR-TATION	REMBOUR-SEMENT à L'EXPOR-TATION	REVENU NET		CAMPAGNES	MONTANT de L'IMPÔT sur la Betterave	DROITS D'IMPOR-TATION	REMBOUR-SEMENT à L'EXPOR-TATION	REVENU NET	
	Florins	Florins	Florins	Florins	Francs		Florins	Florins	Florins	Florins	Francs
1860........	5.565.905	300.543	»	5.765.508	14.730.570	1869-70....	8.987.911	23.886	4.742.147	4.269.650	10.516.035
1861........	5.412.162	210.717	1.487	5.621.522	13.885.170	1870-71....	11.619.684	19.656	7.306.653	4.353.087	10.752.124
1862........	5.237.590	1.201.878	»	6.439.417	15.905.350	1871-72....	9.962.790	14.482	5.847.067	4.100.115	10.275.484
1863........	6.989.724	571.361	42	7.561.053	18.075.751	1872-73....	12.674.891	23.032	6.410.106	6.287.820	15.530.915
1863-64....	6.004.219	247.496	71.289	6.210.426	15.413.882	1873-74....	10.072.149	23.409	7.152.491	2.943.067	7.269.375
1864-65....	8.023.270	32.500	2.016.402	6.039.368	14.917.238	1874-75....	7.190.361	10.615	5.458.055	1.742.321	4.303.540
1865-66....	6.319.820	29.080	741.002	5.601.808	13.843.875	1875-76....	9.330.081	7.351	9.472.991	(1)135.556	(1)334.823
1866-67....	8.374.714	13.874	2.089.010	5.710.608	14.181.918	1876-77....	10.870.853	5.364	10.467.973	396.211	983.810
1867-68....	7.352.266	16.010	1.805.117	5.563.159	13.741.068	1877-78....	16.677.884	8.477	15.006.047	1.960.841	3.830.577
1868-69....	5.802.017	267.600	77.528	5.992.089	14.800.250	1878-79....	Recette minimum prescrite...			6.000.000	14.814.000

(1) Le remboursement a dépassé la recette : le Trésor a remboursé fl. 135,556, ou fr. 334,843 de plus qu'il n'avait encaissé.

RUSSIE

Production du sucre de betterave.

ANNÉES	NOMBRE des FABRIQUES	PRODUCTION en POUDS	PRODUCTION en TONNES
1800 (¹).....	1	»	»
1809.....	2	»	»
1810.....	7	»	»
1811.....	2	»	»
1820.....	38	»	»
1840.....	140	»	»
1845.....	217	»	»
1849 (²).....	346	600.000	9.830
1852.....	380	»	»
1860.....	487	1.500.000	24.570

Campagnes	en activité	inactiv.		
1862-63....	209	108	1.939.000	31.765
1863-64....	278	119	2.866.800	46.960
1864-65....	273	63	3.942.980	64.583
1865-66....	251	72	2.982.248	48.852
1866-67....	263	68	5.650.692	92.564
1867-68....	266	64	6.635.637	108.608
1868-69....	241	83	4.084.441	66.907
1869-70....	231	92	4.947.306	101.045
1870-71....	243	105	6.308.330	103.337
1871-72....	209	106	4.843.626	79.343
1872-73....	309	82	9.157.000	150.000
1873-74....	250	79	9.157.800	150.000
1874-75....	330	»	13.522.000	222.500
1875-76....	255	»	14.906.000	245.000
1876-77....	260	»	15.262.000	250.060
1877-78....	270	»	13.430.000	220.000
1878-79....	272	»	13.125.000	215.000

(1) La première fabrique a été construite en 1800 par Blankenagel, dans le gouvernement de Toula.

(2) Le nombre des fabriques ayant des machines à vapeur était de 19.

NOTA. — C'est en 1841, à la suite du relèvement du droit d'importation sur le sucre étranger, que l'industrie du sucre indigène s'est surtout développée.

Droits d'importation sur le sucre brut.

1823..................	par poud 2 roubles 50 kop.
1831..................	— 3 — 15 —
1841..................	— 3 — 80 —
1849..................	— 3 — 20 —
1855..................	— 3 — » —
1863..................	— 3 — 50 —
1865 { sur le sucre brut..	— 2 — 50 —
— raffiné.	— 3 — 50 —
1872 { sur le sucre brut..	— 2 — 50 —
— raffiné.	— 3 — 50 —

Une diminution de 10 kopecks pour chacune des années suivantes jusqu'à 1878 a été accordée par le décret du 10 juin 1872. (Voir page 78).

Importation en sucre brut.

ANNÉES	IMPORTATION en POUDS	IMPORTATION en TONNES	DROITS perçus A L'IMPORTATION (Roubles)
1824.......	816.497	13.375	2.041.242
1830......	1.347.388	22.070	3.368.470
1831......	1.573.674	25.775	4.957.073
1840......	1.799.712	29.470	5.669.093
1844......	2.133.384	34.948	8.107.619
1849......	2.184.217	35.777	6.989.404
1850...... / 1853......	Moy** des 4 années 1.799.285	Moy** des 4 années 29.475	Moy** des 4 années 5.757.712
1857...... / 1860....	Moy** des 4 années 1.211.316	Moy** des 4 années 19.841	Moy** des 4 années 3.633.948
1868......	90.177	1.478	225.443
1869......	77.138	1.264	192.845
1870......	23.385	383	58.462
1871......	5.565	91	13.913
1872......	504.312	8.260	1.260.780
1873......	119.870	1.963	299.675
1874......	341.796	5.598	854.490
1875......	1.533.870	25.126	3.834.675
1876......	494.158	8.094	1.235.395
1877	1.102	18	2.755

Exportation en sucre brut.

ANNÉES	EXPORTATION en POUDS	EXPORTATION en TONNES	DRAWBACKS PAYÉS (Roubles K.)
1873......	Exportation tout à fait insignifiante, à peine quelques centaines de pouds par année.		109 10
1874......			120 80
1875......			186 17
1876......	499.462	8.182	574.596 27
1877......	3.891.897	63.753	2.890.337 »
1878......	301.068	4.932	230.946 »

Consommation du sucre.

ANNÉES	CONSOMMATION en POUDS	CONSOMMATION en TONNES	CONSOMMATION PAR TÊTE en livres russes	en kilogr.
1848......	»	»	1.40	0.575
1860	»	»	3. »	1.430
1870......	»	»	5.33	2.180
1875......	12.080.620	198.140	5.90	2.415
1876......	12.237.725	200.794	5.98	2.450

Droits perçus à la consommation.

1872..	2.147.855 roubles, soit	8.484.027 francs
1873..	3.775.242 »	— 15.572.206 »
1874..	3.760.798 »	— 14.885.152 »
1875..	3.086.377 »	— 12.191.190 »
1876..	4.850.808 »	— 19.160.692 »
1877..	5.700.000 »	— 22.515.000 (estimation)

ITALIE

Importation. — Années 1860 à 1878

ANNÉES	SUCRE RAFFINÉ	SUCRE BRUT	TOTAL en SUCRE BRUT	DROITS PERÇUS à l'entrée	OBSERVATIONS
	Tonnes.	Tonnes.	Tonnes.	Lires ou Francs.	
1878.......	25.420	47.819	79.594	27.303.340	Royaume d'Italie actuel.
1877.......	37.361	47.404	94.195	24.325.052	— —
1876.......	42.384	37.339	90.329	19.994.332	— —
1875.......	48.128	37.851	98.011	21.739.184	— —
1874.......	45.092	31.302	87.667	19.519.937	— —
1873.......	51.014	29.752	93.520	20.906.017	— —
1872.......	53.817	16.401	83.072	18.937.748	— —
1871.......	56.972	14.146	85.361	19.478.728	— —
1870.......	53.798	14.021	81.868	18.801.854	Rome non compris.
1869.......	44.016	14.138	69.188	15.639.254	— —
1868.......	53.288	13.056	79.666	18.089.058	— —
1867.......	46.679	8.901	67.250	15.318.527	— —
1866.......	53.509	11.359	78.520	17.858.945	Rome et Venise non compris.
1865.......	52.915	9.561	75.705	17.284.704	— —
1864.......	21.466	36.221	63.083	13.727.045	— —
1863.......	31.905	27.943	67.824	15.016.737	— —
1862.......	42.988	12.045	65.780	14.907.283	— —
1861.......	37.118	13.626	60.023	13.542.764	La Sicile et la Vénétie non compris.
1860.......	23.202	6.295	35.298	13.711.436	Province septentrionale et Emilie

CONSOMMATION

D'après le Rapport présenté à la Chambre des députés le 20 janvier 1879

Population...................................	habitants.	26.801.154
Sucre raffiné acquitté...........................	kilogr.	25.894.902
— brut —	—	21.451.783
— — de la raffinerie de Gênes................	—	26.911.267
TOTAL...........................	kilogr.	74.257.922
Consommation par tête........................		2 kilogr. 770
— — réelle....................................		3 — 250

(en tenant compte de la quantité de sucre entrée dans la consommation sans payer les droits.)

RECETTES DU TRÉSOR

			1878	1877
Droits de douane...........................	lires ou francs.		17.279.743	20.641.074
Surtaxe à la frontière......................	—	—	10.023.597	3.683.977
Impôt intérieur	—	—	4.548.862	1.641.697
TOTAL.................	—	—	31.852.202	25.971.748

ETATS-UNIS

Production, Importation et Exportation. — Années 1869 à 1879

DÉSIGNATION	1879	1878	1877	1876	1875	1874	1873	1872	1871	1870	1869
	Tons.	Tons.	Tons.	Tons.	Tons.	Tons.	Tons.	Tons.	Tons.	Tons.	Tons.
Product. indigène	112.000	71.000	80.000	77.000	63.500	48.500	59.300	69.800	79.600	46.800	45.000
Importation	682.043	650.766	646.499	592.153	662.672	652.596	636.497	561.002	563.097	468.957	501.354
Total	794.043	721.766	735.499	669.153	726.172	701.096	695.797	630.802	642.697	515.757	546.354
Exportation : Sucre brut	2.612	2.891	5.032	8.020	14.569	12.045	15.124	12.602	5.047	9.029	13.793
— raffiné	39.861	31.442	38.911	24.301	29.570	»	»	»	»	»	»

IMPORTATION EN 1879

	Tons.
Cuba	499.952
La Trinité	2.244
Indes anglaises	12.759
— françaises	26.827
Porto-Rico	29.535
Sainte-Croix	1.141
Demerare	5.878
Amérique centrale.	114
A reporter	578.450

	Tons.
Report	578.450
Belize	522
Surinam	1.681
Mexique	956
Saint-Domingue	6.686
Brésil	21.580
Pérou	1.539
A reporter	611.414

	Tons.
Report	611.414
Europe	9.208
Iles Philippines	48.105
Java	13.316
Chine	»
Singapore	»
TOTAL en 1879	682.043

CONSOMMATION EN 1879

Sucre de canne : côtes atlantiques	tons.	743.174
— — océan Pacifique	—	32.022
— extrait de la mélasse	—	44.900
— d'érable	—	10.000
— de betterave indigène	—	1.800
Total en 1879	tons.	831.896
Total en 1878	—	773.472
— en 1877	—	745.250
— en 1876	—	745.269
— en 1875	—	773.002

PRODUCTION ET EXPORTATION

DU

SUCRE DE CANNE

DE SORGHO, D'ÉRABLE, DE PALMIER, ETC.

DE TOUS LES PAYS ET COLONIES

SUCRE DE CANNE

DE SORGHO, D'ÉRABLE, DE PALMIER, ETC.

(PRODUCTION ET EXPORTATION)

ANTILLES ou INDES OCCIDENTALES (Amérique)

CUBA — PORTO-RICO — JAMAÏQUE — HAÏTI OU SAINT-DOMINGUE
ILES LUCAYES OU BAHAMA.

La roulaison (broyage des cannes) commence généralement en décembre, mais le plus grand nombre des usines ne commencent qu'en janvier et travaillent jusqu'en juin ou juillet.

CUBA (possession espagnole).

La Havane, capitale et port principal. — Principaux ports : Matanzas, Cardenas, Sagua, Cienfuegos, Santiago et Trinidad. — Production variant entre 425 et 750 millions de kilogr. — Consommation de l'île évaluée de 50 à 60 millions. — Durée des expéditions en Europe, 20 à 30 jours par vapeurs, et 2 mois environ par voiliers. — Frêt de 40 à 50 fr. par tonne.

On compte en roaux (0 fr. 025) et par arrobe (11 kil. 501 gr.).

EXPORTATION EN 1879 (HAVANE ET MATANZAS)		PRODUCTION DE 1868 A 1879	
Etats-Unis d'Amérique......... tons.	248.571	1879...................... tons.	645.000
Grande-Bretagne................ —	72.365	1878........................ —	525.500
Nord de l'Europe.............. —	1.945	1877........................ —	505.534
France....................... —	5.405	1876........................ —	572.000
Espagne...................... —	27.170	1875........................ —	699.900
Ports divers................. ——	7.084	1874........................ —	666.000
		1873........................ —	738.000
TOTAL en 1879........ tons.	362.740	1872........................ —	667.850
— 1878........ —	270.766	1871........................ —	527.000
		1870........................ —	684.032
— 1877........ —	249.200	1869........................ —	664.155
— 1876........ —	347.403	1868........................ —	710.609

PORTO-RICO (possession espagnole)

San-Juan ou Saint-Johns, capitale et port de commerce. — Ports : Mayaguez, Ponce.
On compte 385 plantations de tous genres. Le travail se fait généralement mal, et dans beaucoup d'usines on n'extrait guère que le tiers du sucre contenu dans la canne.

EXPORTATION EN 1879		EXPORTATION DE 1869 A 1879	
		1879...................... tons.	68.225
Etats-Unis................ tons.	30.380	1878........................ —	82.974
Grande-Bretagne .... —	29.500	1877........................ —	62.328
Espagne et Gênes.......... —	1.150	1876........................ —	68.830
France.................... —	438	1875........................ —	83.135
Allemagne et Danemark	2.250	1874........................ —	80.060
Autres pays............... —	4.507	1873........................ —	101.195
		1872........................ —	89.559
TOTAL.......... tons.	68.225	1871........................ —	103.304
		1870........................ —	10.110
		1869........................ —	81.500

14

JAMAIQUE (possession anglaise)

La Jamaïque est située dans la mer des Antilles, au sud de Cuba.
Kingston, principal port.

EXPORTATION PENDANT LES ANNÉES 1869 A 1879

1878	tons. 20.000	1873	tons. 19.897
1877	— 26.400	1872	— 24.883
1876	— 20.772	1871	— 26.296
1875	— 26.000	1870	— 21.846
1874	— 19.878	1869	— 24.950

HAITI ou île SAINT-DOMINGUE (République américaine)

Port-au-Prince, capitale et port sur le golfe de la Gonave-Jacmel, au sud de l'île.
La culture de la canne est très-faible et elle est susceptible d'un grand développement.

EXPORTATION PENDANT LES ANNÉES 1875 A 1878

1878	tons. 1.443	1876	tons. 1.044
1877	— 824	1875	— 961

Iles LUCAYES ou BAHAMA (possession anglaise)

Archipel de l'Océan atlantique, en avant du golfe du Mexique, au nord des Antilles.
Exportation : environ 300 tons par an jusqu'en 1876, et, en 1877, 2,379 tons.

PETITES ANTILLES (Amérique)

MARTINIQUE — GUADELOUPE — MARIE-GALANDE — SAINTE-CROIX — ANTIGUA — ILE DOMINGUE
MONTSERRAT — NEVIS — SAINT-CHRISTOPHE — LA TRINITÉ — BARBADE
GRENADE — SAINTE-LUCIE — SAINT-VINCENT — TABAGO

La fabrication du sucre a lieu dans les mêmes mois qu'aux Antilles; les expéditions se font aux mêmes
époques et l'on compte le même délai pour les arrivages en Europe.

MARTINIQUE (possession française)

Saint-Pierre, principal port d'expédition. La superficie plantée de cannes est d'environ 20,000 hectares.

EXPORTATION EN 1878 Du 1er janvier au 31 décembre.		EXPORTATION DE 1869 A 1878			
France	tonnes. 23.462	1878 tonnes. 44.218	1873 tonnes. 37.515
Colonies françaises	— 22	1877 — 40.502	1872 — 39.699
Autres pays	— 20.734	1876 — 38.845	1871 — 41.821
		1875 — 50.527	1870 — 38.252
TOTAL	tonnes. 44.218	1874 — 38.311	1869 — 37.330

GUADELOUPE (possession française)

Pointe-à-Pitre, principal port. La surface plantée de cannes est d'environ 20,000 hectares.

EXPORTATION DE 1869 A 1878

1878	tonnes. 48.418	1873	tonnes. 28.848
1877	— 43.122	1872	— 31.786
1876	— 38.470	1871	— 38.434
1875	— 44.548	1870	— 34.241
1874	— 34.854	1869	— 28.022

MARIE-GALANDE (possession française)

Dépendance de la Guadeloupe. — Production insigniflante.

SAINTE-CROIX (possession danoise)

Christianstad, capitale. — On estime à 16,608 acres (5,500 hectares) la surface consacrée aux plantations de cannes. Industrie sucrière peu prospère, par suite du prix de revient trop élevé.

PRODUCTION

1877	tonnes.	3.740	1872	tonnes. 4.928
1876	—	3.965	1871	— 12.650
1875	—	7.556	1870	— 6.865
1874	—	2.325	1869	— 4.632
1873	—	4.969	1868	— 8.198

ILES SOUS-LE-VENT (LEEWARD-ISLANDS)

ANTIGUA (possession anglaise)

Saint-Johns, chef-lieu, résidence du gouverneur des Iles-sous-le-Vent (Leeward-Islands).

PRODUCTION

1877	tons	7.319	1874	tons 4.346
1876	—	6.040	1873	— 7.022
1875	—	10.130	1872	— 5.645

DOMINGUE (possession anglaise)

Située entre la Guadeloupe et la Martinique.
Le Roseau ou Charlestown, chef-lieu.

PRODUCTION

1877	tons	2.934	1874	tons 3.295
1876	—	3.087	1873	— 3.463
1875	—	3.722	1872	— 3.671

MONTSERRAT (possession anglaise)

Plymouth, capitale.

PRODUCTION

1877	tons	1.237	1874	tons 1.567
1876	—	1.688	1873	— 1.626
1875	—	2.219	1872	— 1.350

NEVIS (possession anglaise)

Charlestown, chef-lieu.

PRODUCTION

1877	tons	3.000	1874	tons 1.975
1876	—	2.496	1873	— 3.912
1875	—	3.054	1872	— 1.682

SAINT-CHRISTOPHE ou SAINT-KITT (possession anglaise)

PRODUCTION

1877	tons	5.434	1874	tons 5.923
1876	—	7.271	1873	— 7.480
1875	—	7.390	1872	— 5.576

LA TRINITÉ (possession anglaise)

Port-of-Spain, capitale et principal port de l'île.

EXPORTATION DE 1869 A 1878

1878	tons.	51.240	1873	tons.	59.593
1877	—	46.583	1872	—	46.023
1876	—	51.304	1871	—	56.192
1875	—	57.946	1870	—	45.806
1874	—	44.527	1869	—	52.044

ILES DU VENT (WINDWARD-ISLANDS)

LA BARBADE (possession anglaise)

Bridgetown, capitale, port de mer. — Récolte de juin à juillet.
Production, 40 à 50,000 tons, dont la majeure partie est expédiée en Angleterre.

PRODUCTION DE 1868 A 1879

1879	tons.	54.000	1873	tons.	31.894
1878	—	40.000	1872	—	33.412
1877	—	42.584	1871	—	33.412
1876	—	32.146	1870	—	27.782
1875	—	55.363	1869	—	22.455
1874	—	40.109	1868	—	35.000

GRENADE (possession anglaise)

Saint-Georges ou Georgetown, chef-lieu.

PRODUCTION DE 1872 A 1877

1877	tons	2.837	1874	tons	3.779
1876	—	3.152	1873	—	3.618
1875	—	4.372	1872	—	4.217

SAINTE-LUCIE (possession anglaise)

Au Sud de la Martinique.
Port-Castries, chef-lieu et port.

PRODUCTION DE 1872 A 1877

1877	tons	4.833	1874	tons	5.970
1876	—	4.383	1873	—	5.391
1875	—	6.621	1872	—	6.031

SAINT-VINCENT (possession anglaise)

Kingstown, chef-lieu.

PRODUCTION DE 1868 A 1877

1877	tons.	6.573	1872	tons.	8.530
1876	—	6.860	1871	—	9.500
1875	—	8.688	1870	—	9.000
1874	—	7.707	1869	—	8.500
1873	—	7.167	1868	—	8.500

TABAGO (possession anglaise)

Au Nord de la Trinité.
65 à 70 plantations de sucre.

PRODUCTION DE 1872 A 1877

1877	tons	3.327	1874	tons	5.970
1876	—	3.801	1873	—	5.391
1875	—	5.155	1872	—	6.031

GUYANE (Amérique)

DEMERARE — BERBICE — SURINAM — CAYENNE

Nom donné à une région située au nord-est de l'Amérique méridionale, et qui s'étend de l'est vers l'ouest entre les bassins de l'Amazone et de l'Orénoque.

Les sucres mettent 30 à 50 jours pour arriver en Europe.

Les usines se mettent en route en octobre-novembre.

DEMERARE (possession anglaise)

Demerari, capitale de la Guyane anglaise, à l'embouchure de la Demerara. Berbice est un des trois comtés de la Guyane anglaise. Expéditions d'octobre à mars. Durée du trajet pour l'Europe, 30 à 50 jours.

EXPORTATION EN 1879	tonnes
Grande-Bretagne	82.044
Canal à ordres	584
Continent	1.612
Etats-Unis	9.153
Canada et autres pays	1.686
TOTAL	95.079

EXPORTATION DE 1869 A 1878

années	tonnes	années	tonnes
1878	77.469	1873	76.539
1877	100.046	1872	62.709
1876	107.534	1871	73.556
1875	71.202	1870	66.820
1874	78.313	1869	53.300

Moyenne décennale : 76.740

SURINAM (possession hollandaise)

Paramaribo, port et chef-lieu de la Guyane, sur la rive gauche du Surinam.

Avant l'abolition de l'esclavage (1863), l'exportation des sucres dépassait 15,000 tonnes. Voici les chiffres des dix dernières années :

1878	tons. 10.000	1873	tons. 12.600
1877	— 10.971	1872	— 12.000
1876	— 7.373	1871	— 11.850
1875	— 8.903	1870	— 11.160
1874	— 10.047	1869	— 9.800

CAYENNE (possession française)

Cayenne, ville principale et port de commerce.

La production du sucre est d'environ 500 tonnes; elle était de 1,735 tonnes en 1867. La surface cultivée en canne était de 240 hectares en 1875.

PAYS DIVERS

EUROPE

ESPAGNE

La culture de la canne à sucre est surtout répandue dans l'Andalousie, de l'est à l'ouest, longeant la côte de Marbella à Adra ; il y a aussi quelques plantations sur les rives du Guadiaro, limite occidentale du district consulaire, et l'on compte environ 70 usines qui extraient le sucre de la canne ; il n'y a pas de raffinerie. La production, de 5,000 tonnes en 1872, est monté à environ 15.000 tonnes. L'importation moyenne est 40,000 tonnes ; la culture de la canne se développe rapidement. 18 usines, installées depuis Malaga jusqu'à Motril, ont fourni de bons résultats depuis plusieurs années. Il faut aussi citer les environs de Denia dans la province d'Alicante. Du temps des Maures, la production paraît avoir été considérable ; elle a diminué graduellement depuis cette époque.

La France fournit à l'Espagne environ 5,000 tonnes de sucre raffiné en pains ou cubes ; les Pays-Bas et l'Allemagne expédient quelques milliers de tonnes.

ASIE

COCHINCHINE FRANÇAISE

La Cochinchine française forme un des États de l'Indo-Chine et comprend tout le Sud de la presqu'île, entre la mer de Chine et le golfe de Siam.

Saïgon, capitale et principal port.

La production du sucre est évaluée à 25,000 tonnes, consommée en totalité dans le pays.

CHINE

L'île Formose est la principale région à sucre ; les expéditions ont lieu d'octobre à mai par les ports suivants, classés selon l'importance de leur exportation en 1876 : Takou (Formose), 30,000 tonnes ; Swatow, 22,000 ; Shanghai, 5,000 ; Kiungtchéou, 5,000 ; Chefou, 1,500, etc.

L'importation est d'environ 2,500 tons, moité sucre blanc et moitié sucre brut, par les ports de Tiensin, Chefou et Newchang.

Les sucres sont emballés en piculs de 60 kilogr. environ.

La récolte de 1878 fut médiocre. L'exportation par le port d'Amoy, s'est élevée à 9,900 tonnes.

EXPORTATION EN 1877				EXPORTATION		1876	1875
Japon	tonnes.	14.429		Sucre brun	tonnes.	53.146	25.434
Australie	—	4.718		— blanc	—	14.494	7.658
Londres	—	1.102		TOTAL	tonnes.	67.640	33.092
Etats-Unis d'Amérique	—	4.349		Exportation en 1874	tonnes.		22.290
Hong-Kong, pour la réexportation		608		— en 1873	—		14.370
				— en 1872	—		18.000
TOTAL	tonnes.	25.206		— en 1871	—		13.600
				— en 1870	—		12.900
				— en 1869	—		1.000

JAPON

On cultive la canne dans les environs de Sotzerna et Schikoku et dans quelques-unes des grandes îles méridionales. — Des essais sont faits, depuis 1879, en vue de cultiver la betterave.

La production couvre à peine un tiers de la consommation, qui s'accroît rapidement. L'importation vient surtout de l'île Formose (Chine).

Il a été importé par Iokohama, en 1875 :

Sucre brun	tonnes.	32.729	Candis		tonnes	161
— blanc	—	2.707	Sucre en pains		—	93

SIAM (royaume de)

L'exportation s'élève à environ 5,000 tonnes par an.

INDES ORIENTALES

HINDOUSTAN ou INDE ANGLAISE (Asie)

L'Inde forme une vaste péninsule au sud de l'Asie, d'une superficie de 3,850,000 kilomètres carrés, et comprend une population de plus de 130 millions d'habitants.

La plus grande partie de l'Inde relève de la couronne d'Angleterre, sous le titre : Empire des Indes.

On admet que la canne est originaire de l'Inde; en effet, il n'existe pas de pays où le sol et le climat soient mieux appropriés à cette culture, qui comprend environ 3,750,000 acres de terres; avec un rendement moyen de 8 cwt. par acre, la production atteindrait ainsi 1,500,000 tonnes de sucre.

La surface cultivée dans les pays dépend nt de l'Angleterre peut être évaluée à 3,000,000 d'acres. Les contrées où la culture est le plus développée sont : le Bengale, avec 1,400,000 acres; les provinces du nord-ouest, 703,000; le Pendjah, 392,000; l'Aoude, 203,000; les provinces centrales, 108,000; Assam, non compris les hauts districts, 86,000; Bombay, 50,000; Madras, 33,000; Mysore, 15,000; Hydrabab, Sindh et la Birmanie anglaise, 13,000.

La récolte se fait en toute saison; la main-d'œuvre est à bas prix, et le sucre revient à bon compte, mais il est obtenu à l'aide de procédés primitifs; la qualité en est tellement médiocre, que les brasseurs anglais seuls peuvent l'employer et qu'il est même considéré comme impropre au raffinage.

La consommation est importante et dépasse généralement la production,

En 1877 et 1878, l'exportation a fourni sur l'importation un excédant de 44,318 et 21,638 tonnes.

Mouvement des sucres pendant les 10 dernières années

		EXPORTATION	IMPORTATION	DIFFÉRENCE	
				A L'EXPORTATION	A L'IMPORTATION
1878	tons	45.393	23.755	21.638	»
1877	—	57.223	12.905	44.318	»
1876	—	25.370	30.657	»	5.287
1875	—	27.963	19.785	8.178	»
1874	—	16.373	21.778	16.462	5.405
1873	—	33.584	17.122	»	»
1872	—	20.964	28.128	»	7.167
1871	—	17.265	22.034	»	5.769
1870	—	19.282	28.606	»	9.324
1869	—	22.502	26.299	»	3.797

AFRIQUE

PARTIE-DU-VENT

LA RÉUNION (possession française)

Ancienne île Bourbon, à l'est de Madagascar. Expéditions d'août à janvier; 3 à 4 mois par voiliers pour l'Europe.

Saint-Denis, capitale. Principal port, Saint-Pierre. Surface consacrée à la canne : environ 42,000 hectares.

EXPORTATION PENDANT LES CAMPAGNES 1869-70 A 1878-79

1878-79	tonnes	31.886	1873-74	tonnes	36.267
1877-78	—	40.384	1872-73	—	30.420
1876-77	—	34.263	1871-72	—	33.100
1875-76	—	31.665	1870-71	—	23.534
1874-75	—	35.883	1869-70	—	42.665

PARTIE-SOUS-LE-VENT

SAINTE-MARIE-DE-MADAGASCAR (possession française)

Ile de 1,500 habitants. Production moyenne : 500 tonnes environ.

MAYOTTE ET NOSSI-BÉ (possessions françaises)

Iles Comores, situées à l'entrée septentrionale du canal de Mozambique.

Nossi-Bé dépend de Mayotte ; 6,000 habitants.

La surface cultivée en cannes à Mayotte est d'environ 2,750 hectares, celle de Nossi-Bé de 1,350 hectares.

PRODUCTION DES DEUX ILES

1869	tonnes 4.300		1866	tonnes	2.400
1868	— 3.200		1865	—	1.980
1867	— 2.500		1864	—	1.450

MAURICE (possession anglaise)

La monnaie du pays est la piastre, qui vaut 5 fr.; la livre (poids) pèse 0 k. 480.505 et se divise en 16 onces 128 gros.
Le fret varie de 0 fr. 75 à 0 fr. 80 pour les ports de l'Océan ; de 0 fr. 85 à 0 fr. 90 pour la Méditerranée, — plus 5 °/₀ de chapeau.

Ancienne *Ile de France*, au nord-est de la Réunion.

Port-Louis, capitale et port principal.

Il y a deux récoltes chaque année ; la plus importante commence du 15 au 20 juillet, et les sucres arrivent en France vers le milieu d'octobre. La seconde coupe a lieu de décembre à janvier.

Les cyclones sont surtout à redouter en mars-avril.

Les beaux sucres cristallisés blancs et jaunes sont généralement expédiés en Australie, à Bombay et à la Nouvelle-Zélande.

EXPORTATION EN 1878-79 Du 1ᵉʳ août au 31 juillet	tonnes	EXPORTATION DE 1868-69 A 1877-78		
		Campagne 1877-78	tonnes	139.608
Grande-Bretagne	24.739	— 1876-77	—	123.900
France et Continent	1.230	— 1875-76	—	104.436
Australie	50.978	— 1874-75	—	83.137
Cap de Bonne-Espérance	7.978	— 1873-74	—	116.800
Nouvelle-Zélande	6.229	— 1872-73	—	126.736
Bombay	38.201	— 1871-72	—	123.212
Autres ports	5.458	— 1870-71	—	88.388
		— 1869-70	—	132.130
TOTAL	134.913	— 1868-69	—	78.307

NATAL, colonie du Cap (possession anglaise)

Colonie située au nord de la Cafrerie, dans l'Afrique australe.

EXPORTATION PENDANT LES ANNÉES 1867 A 1878

1878	tons 7.000	1874	tons 6.831	1870	tons	5.408
1877	— 9.254	1873	— 7.200	1869	—	7.818
1876	— 7.574	1872	— 7.095	1868	—	4.733
1875	— 7.776	1871	— 8.872	1867	—	3.667

EGYPTE

La monnaie est la piastre, qui vaut 0 fr. 26 ; le quintal (cantar) vaut 44 kil. 50.

Le nombre des usines dépasse 20, comprenant environ 70 moulins ; elles appartiennent à la Daïra du khédive et sont situées dans les provinces de la haute Egypte : Abou-Kourga, Abouxa, Minidah, Ermand, Bibeh, Rhoda et Samallouth.

Le travail est, en moyenne, de 120 jours. Les exportations ont lieu de mars à juillet.

EXPORTATION EN 1878		EXPORTATION DE 1869 A 1878			
Grande-Bretagne	tons. 11.740				
France	— 9.625	1878	tons. 34.733	1873	tons. 46.500
Italie	— 11.625	1877	— 37.828	1872	— 22.918
Turquie	— 479	1876	— 28.165	1871	— 17.823
Belgique	— 764	1875	— 23.791	1870	— 14.191
Espagne	— 500	1874	— 39.105	1869	— 14.663
TOTAL	tons. 34.733				

AMÉRIQUE

CANADA (possession anglaise dans l'Amérique du Nord)

Québec, principal port; Kingston, port du Haut-Canada, province d'Ontario.

La production est insignifiante, malgré l'exemption d'impôt accordée sur la fabrication indigène jusqu'en 1883. Des essais ont été faits pour la culture de la betterave, et le gouvernement de Québec a offert, le 25 avril 1877, un prix de 7,000 dollars chaque année, pendant dix ans, à la première fabrique de sucre.

L'importation s'élève à environ 60 millions de kilogrammes.

En 1878, les États-Unis ont expédié au Canada : 16.580 tonnes contre 12.649; la Grande-Bretagne, 19.220 contre 17.270 et 22.440 tonnes en 1877 et 1876. Cette diminution des expéditions a décidé le gouvernement canadien à augmenter les droits. (Voir aux *Tarifs des pays divers*.)

MEXIQUE (République. — Amérique septentrionale.)

La production est évaluée à 50,000 tonnes. C'est dans les provinces de Cuernavaca, Cuaritta, Orizaba et Jalapa que l'on cultive surtout la canne.

L'exportation s'est élevée en 1873-74 à 3,500 tons. Par suite d'une prime accordée aux planteurs à partir de mai 1875, l'exportation de 1875-76 s'est élevée à 33,500 tonnes, dont la moitié a été expédiée en Angleterre.

LOUISIANE, TÉXAS, FLORIDE (États-Unis)

La roulaison commence en octobre. Les expéditions ont lieu de novembre à janvier. La majeure partie des sucres sont expédiés aux États-Unis.

On comptait 1,200 habitations sucrières en 1874-75; il n'en restait que 982 en 1875-76. Le rendement moyen à l'hectare est de 60,000 kil., renfermant 90 °/₀ de jus ou 54,000 kil ; celui-ci contient environ 15,3 °/₀ de sucre ; on n'extrait que 1 kil. de sucre de 35 à 50 kil de cannes. La culture de la canne tend à disparaître dans la Caroline du Sud et le Tennessée.

D'après une compilation du *Price-Curent*, la production totale de 1878-79 se serait élevée à 208,571 boucauts, d'un poids de 258,094, 160 livres ou 111,650 tonnes. C'est la production la plus élevée depuis la guerre, excédant celle de 1877-78 de 67 1/2 °/₀, excédant aussi celle de 1859-60 et atteignant presque celle de 1860-61.

L'érable et le sorgho sont cultivés ; il existe quatre fabriques de sucre de betterave, dont l'une est en activité depuis 1869-70, celle de Séguel ; plusieurs autres fabriques sont en construction ou en projet.

La consommation du sucre est évaluée à 18 kil. par tête et par année.

RÉCOLTES DE 1868-69 A 1878-79.

Campagnes	tonnes	Campagnes	tonnes
1878-79	110.000	1872-73	56.881
1877-78	67.791	1871-72	66.692
1876-77	88.513	1870-71	76.680
1875-76	75.114	1869-70	45.173
1874-75	61.063	1868-69	43.126
1873-74	46.853		

CALIFORNIE (États-Unis)

Il existe deux raffineries à San-Francisco : *Bay* et *Raffinerie californienne*. Elles travaillent environ 30,000 tonnes de sucre brut par an.

On a introduit la fabrication des sucres de betterave : deux usines, à *Soquel* et à *Sacramento*, ont produit, en 1876, 497,500 kilogrammes.

La consommation est évaluée à 35,000 tonnes; elle nécessite une importation assez importante, qui a lieu surtout des îles Haway (Sandwich).

IMPORTATION DES PAYS CI-APRÈS DE 1877 A 1879.

Année 1879.					
			Report	tonnes	26.803
Manille	tonnes	1.424	Chine	—	430
Îles Sandwich	—	23.341	Calcutta	—	»
Java	—	1.810	Sucre de betterave	—	400
Amérique centrale	—	728	TOTAL en 1879	tonnes	27.633
Pérou	—	»	— 1878	—	41.355
TOTAL	—	26.803	— 1877	—	42.068

RÉPUBLIQUE DE VENEZUELA (Amérique du Sud)

Caracas, capitale.

EXPORTATION EN 1876

Allemagne.......... 200 kil. | Espagne.:.......... 6.042 kil. | Pays-Bas.......... 101.189 kil.

GUATEMALA (Amérique centrale)

Exportation, environ 2,000 tonnes par année.

HONDURAS (Amérique centrale)

EXPORTATION

1877	tons.	1.963	1874	tons.	1.495
1876	—	2.017	1873	—	1.348
1875	—	2.316	1872	—	2.203

BRÉSIL (Amérique méridionale)

Principaux ports : Bahia, Pernambuco, Maceio, Aracaju, Rio-Grande-de-Norte, Paraïbo. — On compte environ 825 fabriques.

La récolte commence en janvier et est terminée en mai-juin. Premiers arrivages en Europe vers le 15 octobre, après un trajet de 30 à 50 jours.

EXPORTATION EN 1877-78, DE BAHIA ET PERNAMBUCO

1er octobre au 30 septembre

Europe	tons	58.802
Etats-Unis	—	30.554
Pays divers	—	42.064
TOTAL	tons	131.420

EXPORTATIONS DE 1868-69 A 1878-79

		BAHIA	PERNAMBUCO	TOTAL
1878-79	tons	38.000	82.918	120.918
1877-78	—	33.000	98.420	131.420
1876-77	—	37.148	112.173	149.321
1875-76	—	24.457	78.109	102.566
1874-75	—	43.057	112.173	155.230
1873-74	—	33.312	93.183	126.495
1872-73	—	49.027	108.783	157.810
1871-72	—	44.457	99.446	143.903
1870-71	—	46.059	54.850	101.509
1869-70	—	30.330	75.510	105.840
1868-69	—	40.602	72.750	113.352

PÉROU (Amérique méridionale)

Industrie sucrière en grande prospérité. La fabrication dure toute l'année. Le sol est extrêmement propice pour la canne et le rendement est supérieur à celui des autres colonies. Callao, principal port d'exportation. La consommation intérieure est évaluée à 12,000 tons.

EXPORTATION EN 1878

Grande-Bretagne	tons	63.370
Chili	—	18.000
Autres pays	—	6.000
TOTAL	tons	87.370

EXPORTATION DE 1873 A 1878

1878	tons	87.370
1877	—	70.000
1876	—	65.000
1875	—	50.000
1874	—	44.000
1873	—	34.000

RÉPUBLIQUE ARGENTINE (Amérique méridionale)

Buenos-Ayres, capitale.

La culture de la canne se développe dans de grandes proportions ; la production est évaluée à 3,500 tonnes pour 1879 ; elle était de 2,500 tons en 1878. Principales provinces produisant du sucre : Salta et Tucuman.

La consommation dépasse la production. Aussi la balance est en faveur de l'importation, et celle-ci s'est élevée, en 1875, comme suit :

Sucre blanc... 9.143.725 kil. | Sucre ordinaire... 1.674.890 kil. | Sucre raffiné... 12.813.487 kil.

OCÉANIE

JAVA (possession hollandaise)

Batavia, principal port. — La récolte commence en juin-juillet; elle se termine d'octobre à novembre. Les expéditions ont lieu d'août à janvier; elles durent 40 à 50 jours par steamers; les voiliers mettent 3, 4 et jusqu'à 5 mois pour venir en Europe.

Le nombre des fabriques dépasse 160, dont environ 100 usines centrales.

On compte par florins de Hollande et par picols (61 kil. 750 gr.); les canastres pèsent environ 250 kil., les kranjangs, 65 kil. nets.

EXPORTATION EN 1878			EXPORTATION DE 1869 A 1879		
Pays-Bas	tonnes.	39.974	1878	tonnes.	215.488
Grande-Bretagne et Canal..	—	121.559	1877	—	232.624
France	—	6.841	1876	—	205.155
Suède	—	660	1875	—	206.612
Danemark	—	1.018	1874	—	214.780
Cadix à ordres	—	570	1873	—	167.298
Gibraltar à ordres	—	540	1872	—	207.848
Etats-Unis	—	22.534	1871	—	201.928
Australie	—	18.033	1870	—	120.783
Golfe persique	—	2.295	1869	—	180.266
Singapour	—	1.464			
TOTAL	tonnes.	215.488	Moyenne de 1869 à 1878 :		
			Tonnes...		195.278.

MANILLE (possession espagnole dans les îles Philippines)

L'archipel des Philippines est situé au nord de la Malaisie, entre la mer de Chine et le grand Océan.

Principaux marchés sucriers : Cebu, Visayas, Yloilo.

De nombreuses usines sont répandues dans le Sud.

La fabrication commence en décembre-janvier. Les expéditions ont lieu de février à septembre; il faut cinq à six mois, par voiliers, pour arriver en Europe.

On compte par piastres et par picul (63 kil. 25).

EXPORTATION EN 1879	tons	EXPORTATION DE 1869 A 1879		
Grande-Bretagne	70.443	1879	tons	135.698
Etats-Unis	52.885	1878	—	121.543
		1877	—	122.868
Continent	2.025	1876	—	130.831
		1875	—	126.181
Australie	2.800	1874	—	103.860
		1873	—	82.942
Chine	7.460	1872	—	91.704
		1871	—	87.400
Californie	85	1870	—	78.220
TOTAL	135.698	1869	—	68.817

AUSTRALIE (possession anglaise)

Sidney, capitale. — Environ 80 moulins à sucre dont 30 sur le bord de la rivière Clarence; la culture de la canne y est en grand progrès depuis 5 à 6 ans. Quelques moulins se trouvent sur le Richmond et le Twed.

La fabrication commence en août.

Queensland, principale contrée où la canne est cultivée, compte 25,000 acres de plantations et produit près de 16,000 tons.

La consommation de Queensland est évaluée à 5,000 tons, soit 61 livres par tête et par année.

EXPORTATION PENDANT LES ANNÉES 1869 A 1878					
1878	tons.	20.000	1873	tons.	7.967
1877	—	14.000	1872	—	6.966
1876	—	4.500	1871	—	3.762
1875	—	15.000	1870	—	2.852
1874	—	12.108	1869	—	2.616

NOUVELLE-CALÉDONIE (possession française)

L'industrie sucrière date de 1870; on comptait 7 moulins à sucre en 1873, et la plantation a dépassé 1,000 tonnes. Aujourd'hui, elle atteint environ 2,000 tonnes.

ROYAUME D'HAWAY ou ILES SANDWICH

Honolulu, capitale de l'archipel, port de l'île Ooahou.
Le nombre des fabriques est d'environ 50; les principales appartiennent à des maisons de San-Francisco.
Traité conventionnel avec les Etats-Unis.

EXPORTATION PENDANT LES ANNÉES 1870 A 1877

ANNÉES		SAN-FRANCISCO	AUTRES PAYS	TOTAL	ANNÉES	SAN-FRANCISCO	AUTRES PAYS	TOTAL
1877.....	tonnes	10.584	2.303	12.787	1873..... —	»	»	11.664
1876.....	—	10.585	2.451	13.036	1872..... —	»	»	8.497
1875.....	—	8.907	3.633	12.540	1871..... —	»	»	10.880
1874.....	—	6.782	5.501	12.283	1870..... —	»	»	9.392

ANNEXE

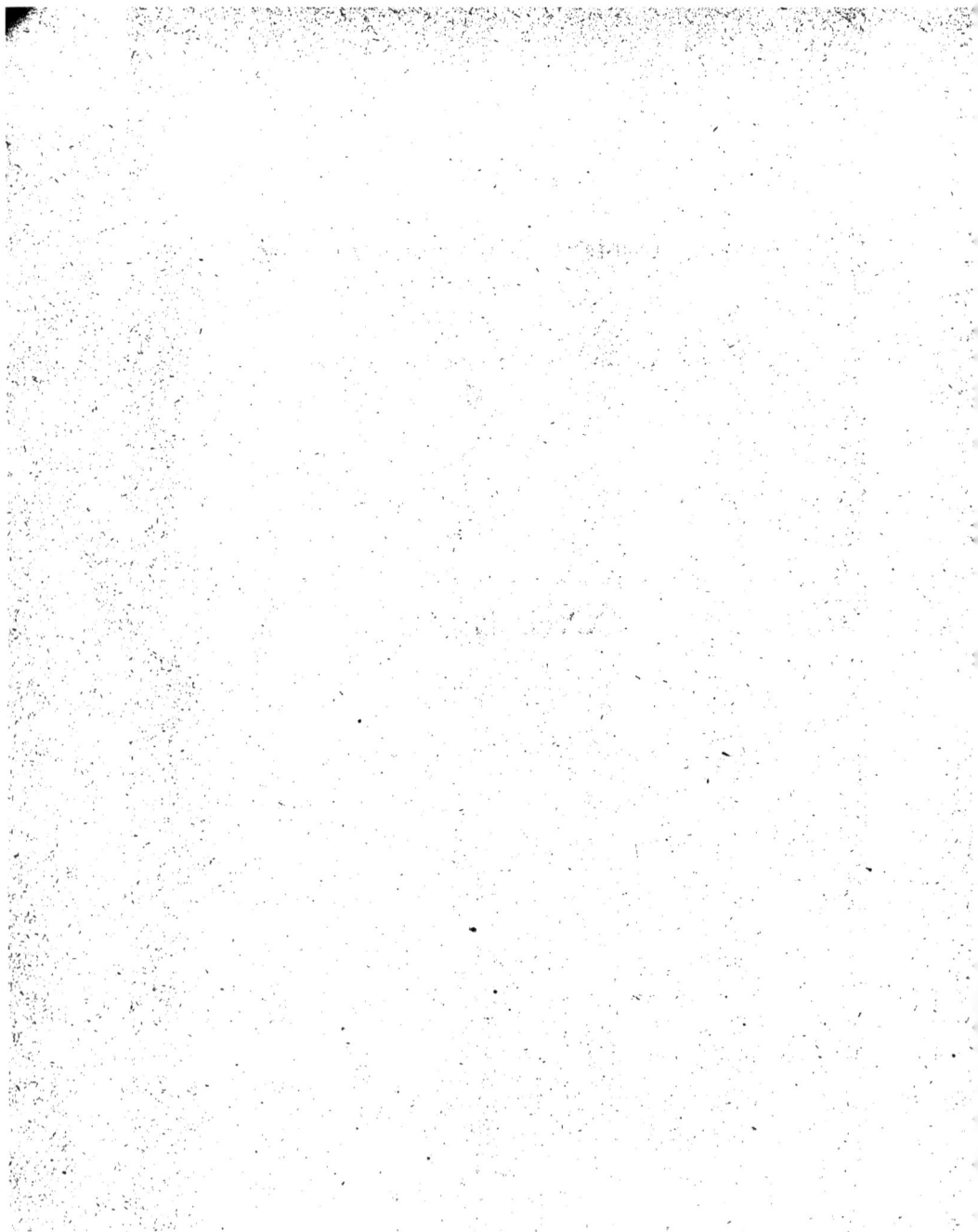

PROJET DE CONVENTION INTERNATIONALE

ADOPTÉ LE 8 MARS 1877 PAR LES PLÉNIPOTENTIAIRES

DE LA FRANCE, LA GRANDE-BRETAGNE, LA BELGIQUE & LA HOLLANDE

(*Rejeté par la Chambre des Pays-Bas*)

Art. 1er. — En France et dans les Pays-Bas, les fabriques de sucre et les raffineries seront soumises à l'exercice.

Art. 2. — Dans les fabriques de sucre, l'exercice aura lieu suivant l'un ou l'autre des règlements aujourd'hui en vigueur en France et dans les Pays-Bas.

Art. 3. — Dans les raffineries, il aura pour objet la surveillance rigoureuse des entrées et des sorties, sans que les agents de l'Administration aient à s'immiscer autrement que pour les inventaires dans le travail intérieur de l'établissement.

Ce mode de surveillance sera complété par la tenue d'un compte général de raffinage, chargé à l'entrée des sucres bruts d'après leur richesse absolue, et déchargé à la sortie de la quantité et de la richesse absolue des produits expédiés de l'usine. Il sera procédé, au moins une fois par an, à l'inventaire *général* de la raffinerie.

L'impôt sera appliqué à la consommation. En France, un *minimum* des droits sera perçu avant l'entrée des sucres dans les raffineries. Le complément sera repris par voie d'exercice.

Les sucres destinés à être exportés après raffinage, ne seront soumis à aucun payement préalable des droits.

Dans les Pays-Bas, le compte de raffinage sera tenu à titre de contrôle seulement.

L'impôt sera perçu au moment où les marchandises sortiront des raffineries.

Art. 4. — Dans le cas où l'impôt des sucres serait établi en Angleterre, l'exercice y serait appliqué aux fabriques et aux raffineries, soit d'après l'un des modes adoptés en France et dans les Pays-Bas, soit d'après d'autres règles qui feraient l'objet d'un accord préalable entre les hautes parties contractantes.

Art. 5. — Le régime établi en Belgique, depuis la convention de 1864, sera conservé, sauf les modifications suivantes :

La quotité de l'impôt sera ramenée de 45 francs à 22 fr. 50 c., à partir de la mise en vigueur de la présente convention, et sera réduite à 19 francs lorsque, pendant une période de deux ans, sous le nouveau régime, le revenu sur les sucres aura dépassé 4,800,000 francs.

La prise en charge des fabriques abonnées sera portée de 1,600 à 1,550 grammes à partir de la campagne 1877-78, et à 1,600 grammes à partir de la campagne suivante.

Les rendements obligatoires en sucres raffinés de 1re, 2e, 3e et 4e classes des sucres bruts seront respectivement fixés à 94, 90, 81 et 72 0/0. Il sera créé une classe supérieure de sucres bruts, jusqu'aux poudres blanches inclusivement, au rendement de 98 0/0.

Pour l'exportation des sucres indigènes de la nouvelle classe et des trois classes suivantes, les types seront formés d'après la nuance des numéros 20, 17, 12 et 8 de la série hollandaise.

On pourra accepter à l'exportation, avec drawback, des sucres mélis, sciés en morceaux, pourvu qu'ils égalent en qualité les sucres mélis en pains parfaitement épurés et séchés.

La saccharimétrie serait appliquée à la vérification des sucres, pour contrôler et pour remplacer les types, soit à l'importation, soit à l'exportation, si des faits de fraudes notables en matière de nuance venaient à être constatés par la douane belge.

Il est entendu que les drawbacks ne pourront excéder les droits de douane ou d'accise dont les produits sont grevés.

Art. 6. — Pendant toute la durée de la présente convention, l'impôt des sucres ne pourra pas être porté en Belgique au delà des chiffres maxima fixés par l'article 4. Sous cette réserve, chacune des hautes parties contractantes conserve le droit d'élever, de réduire ou de supprimer entièrement ledit impôt.

Art. 7. — Les sucres importés de l'un des pays contractants dans un autre ne pourront y être assujettis à des droits de douane ou d'accise supérieurs aux droits applicables aux produits similaires de fabrication nationale.

Art. 8. — Si dans l'un ou l'autre des pays contractants, l'exercice venait à être organisé dans des conditions différentes à celles indiquées à l'article 2 et de nature à occasionner à l'industrie des entraves sérieuses, ce pays aurait la faculté de rechercher pour ses raffineries une compensation équivalente aux charges résultant de ces entraves. La forme et l'importance en seraient déterminées d'un commun accord entre les Etats concordataires.

Art. 9. — Dans le cas où des primes directes ou indirectes seraient accordées par des pays tiers à l'exportation de sucres bruts ou raffinés et deviendraient compromettantes pour la production de l'une ou de l'autre des hautes parties contractantes, une nouvelle entente pourrait être provoquée pour aviser de concert aux mesures de défense qui pourraient être prises.

Art. 10. — Les hautes parties contractantes se communiquent réciproquement le texte des dispositions législatives et réglementaires qui sont ou seront en vigueur dans leurs pays respectifs sur les matières qui font l'objet de la présente convention.

Art. 11. — L'exécution des engagements réciproques contenus dans la présente convention est subordonnée, en tant que de besoin, à l'accomplissement des formalités et règles établies par les lois constitutionnelles de chacun des pays contractants.

Art. 12. — Les hautes parties contractantes se réservent la faculté d'introduire, d'un commun accord, dans cette convention, toutes modifications qui ne seraient pas en opposition avec son esprit ou ses principes et dont l'utilité serait démontrée par l'expérience.

Art. 13 — Les hautes parties contractantes se réservent, en outre, de se concerter sur les moyens d'obtenir l'adhésion d'autres Gouvernements à la présente convention.

Art. 14. — La durée de la présente convention est fixée à dix ans, à partir du 1er septembre 1877. Toutefois, chacune des hautes parties contractantes pourra, en la dénonçant douze mois à l'avance, y mettre un terme à l'expiration de la troisième année.

Art. 15 — La présente convention sera ratifiée, et les ratifications en seront échangées à Paris, dans le délai de cinq mois, et plus tôt, si faire se peut,

TABLE DES MATIÈRES

DU MÊME AUTEUR :

(En vente au BULLETIN DES HALLES, 29, rue de Viarmes, à Paris.)

Annuaire du Commerce et de l'Industrie du Sucre (1870). Vol. in-18 jésus, 250 pages. . . . . épuisé.

— (1873). Vol. in-18 jésus, 350 pages. . . . . épuisé.

Législation complète des Sucres en France et en Belgique (1873). — Vol. in-18 jésus, 250 pages. . . . . épuisé.

Annuaire des Halles et Marchés (1876). Volume relié, in-18 jésus, 400 pages . . . . Prix. . . . 5 fr.

— (1878). Volume relié, in-18 jésus, 430 pages . . . . Prix. . . . 5 fr.

Tableau graphique du Cours des Sucres bruts et raffinés, à Paris, pendant les années 1868 à 1878, et Statistique générale des Sucres. Prix. . . 6 fr.

Carte de la France agricole, commerciale et industrielle (1877). Largeur 1 m. 25; hauteur 0 m. 85. Mention honorable à l'Exposition universelle de 1878. . . . . Prix . . 6 fr.

Tableau graphique du Cours des Farines, à Paris, pendant les années 1860 à 1880, et Statistique générale du Froment. — Haut. 0 m. 85; larg. 1 m 25. Prix. . . 6 fr.

www.ingramcontent.com/pod-product-compliance
Lightning Source LLC
Chambersburg PA
CBHW062028200326
41519CB00017B/4969